El Gran Timonel

Sergio Serón Vasquez

El Gran Timonel
Sergio Serón Vasquez

Diseño de la cubierta: Equipo de diseño de Universo de Letras
Imagen de cubierta: ©Shutterstock.com

Obra publicada por el sello Universo de Letras
www.universodeletras.com

Primera edición: 2024

ISBN: 9788410265202
ISBN eBook: 9788410265721

Dedicada a René Serón; a su esposa,
Ida Vásquez, y a las 104 víctimas de esta tragedia.

Sergio Serón

Historia basada en hechos de la vida real, ocurridos el 22 de mayo de 1960, en un apacible y pintoresco pueblo de pescadores, Quenuir, en el sur de Chile, cuando la zona fue azotada por la peor tragedia de la que la humanidad tenga registro, un terremoto y tsunami de 9,5 grados, el más grande en que ha azotado la Tierra. Durante esta tragedia, un joven viejo lobo de mar, con su heroico proceder y pericia, salva a gran parte del pueblo de la forma más ilógica para este tipo de eventos.

22 de mayo de 1960

En el pequeño pueblo de Quenuir, en el sur de Chile, con una población estimada de no más de 320 habitantes, aquel día los mayores descansaban en familia luego de almorzar. Los más grandes dormían la siesta por el cansancio de la larga, agitada y emocionante noche vivida, mientras los niños jugaban fuera de casa, otros se bañaban en la playa y solo el calor reinante, inusual para la época y que ya duraba varios días, rompía la monotonía del lugar.

A eso de las 15:15 hora, se desata el peor el INFIERNO, EL MÁS GRANDE TERREMOTO del que la humanidad tenga registro. Llegó con un sonido aterrador, un sonido que no estaba en sus conscientes. Ese sonido se les hizo eterno, parecía que el cielo se les partía y caería sobre sus cabezas, luego, un movimiento de la tierra que no les permitía permanecer en pie, el sonido cada vez más aterrador, todo esto sumado al crujir de las casas y después vino el sacudón más fuerte de la tierra, que se abría haciendo grandes grietas. Las casas, que en su mayoría son de madera en la zona sur del país, parecían de papel, se movían que parecían cascabel por los artefactos que habían adentro y que iban de un lado a otro. Los habitantes, que a esa hora dormían la siesta, arrancaron con lo puesto, la mayoría con ropa ligera o ropa interior por el calor reinante; no había espacio para el pudor, tampoco para el morbo. El terror y el pánico eran más fuertes, los habitantes del pequeño pueblo pensaban que era el fin de la existencia.

René trataba de llegar al umbral de la puerta principal de su casa, quería ver si había alguien atrapado dentro, pero la fuerza telúrica no le permitió entrar, puesto que los marcos de la puerta se juntaban y se separaban. Luego, visualmente divisó a toda su familia aterrada y aferrada a un frondoso y fornido árbol. Milton, Patricio y Ciro estaban en la calle del frente, en la inauguración de la casa de su tía Mema. El caos fue total, las mamás gritaban por sus hijos mientras otras, de rodillas, imploraban al cielo con todo tipo de rogativas. El terror y la impotencia invadían a toda la población, nadie sabía ni entendía qué sucedía. No había capacidad de reacción ante tan devastador desastre natural, el cual los hacía sentir seres incompetentes, débiles, incapaces de poder hacer nada ante la magnitud de lo sucedido. No sé cuánto tiempo pasó hasta que la tierra dejo de moverse. Las estadísticas dicen que fueron alrededor de 14 minutos; no se ha registrado un terremoto tan devastador y de tan larga duración en la historia desde que se tienen registros. Luego vino la calma, la tierra se abrió en varias partes, grietas hasta de dos metros de ancho, y luego llegó un silencio sepulcral. Nadie sabía qué había sucedido y muchos no sabían ni escuchado nunca nada sobre un terremoto. Chile es un país sísmico, pero no lo es en la zona sur, esta no es zona sísmica.

Quenuír, además de tener un aislamiento geográfico y otro comunicacional de todo tipo. Para salir del pueblo y viajar a la civilización había que hacerlo por mar, no existían más de cinco radiorreceptores en el pueblo y en su gran mayoría los habitantes eran analfabetos, especialmente los mayores.

La tierra dejo de moverse, después de esos interminables minutos, el silencio y la calma invadió por segundos a jóvenes, adultos y niños; tampoco se sabe por qué se fueron reuniendo todos en la plaza del pueblo, nadie hablaba, pensaba que era el fin de la existencia. Solo se escuchaban los llantos de algunos bebes más pequeños, todos atónitos, hasta los más niños, que miraban a sus padres como preguntando qué pasó. El que más se sentía era Jorge Lastra, que había nacido momentos antes y que permanecía en los brazos de su madre, Lucy. Después de ese silencio de incredulidad se escuchó el grito de René, que se había subido a una banca y gritó fuerte... «Tenemos que huir, se viene el maremoto (ahora tsunami)». La palabra maremoto también era completamente desconocida para todos. Se nos viene el mar, que inundará todo y arrasará con todo a su paso.

La gente creyó lo que René les decía, estaban tan aterrados y atónitos que si les decían que había que huir, no cuestionaban, tenían que hacerlo; el miedo y el terror no les daban capacidad de raciocinio ni de reacción. René miró hacia los cerros más cercanos, pensó para sí que esos dos y pocos más de kilómetros que separaban la planicie donde se encontraba emplazado el pueblo de los cerros de la cordillera de la costa (en donde está el océano), era muy lejos. Quenuir estaba emplazado a la orilla del río y este se conectaba con el océano por una desembocadura (con una distancia de aproximadamente tres kilómetros de largo y dos de ancho). Para llegar a tiempo a la cima, considerando que tendría que ser caminando, con un camino que más bien era una huella (el pueblo no contaba con ningún tipo de vehículos, solo la camioneta de René, que no les serviría para llevar a todos a la cumbres), era mucho el riesgo, pensó René, especialmente por la cantidad de ancianos, mujeres y niños... Tomó la decisión más ILÓGICA, pero la más factible: lo que NO se debe hacer ante un tsunami es arrancar de este por mar, pero este era un caso especial, no era factible huir a los cerros más cercanos ni llegar con ancianos y niños, muchos de ellos con heridas por las esquirlas que se produjeron al romperse las tablas de sus casas. Había que huir de esta amenaza por mar.

Su idea era cruzar el río por donde se encontraba emplazado el pueblo, hacia los cerros del otro lado, del frente, donde sí, ahí existen muchos cerros para protegerse. Se tenía fe en el dominio de las embarcaciones y confianza en el timón. Los ancianos irían sentados, pensó. Esta decisión la tomó en segundos, no había tiempo para pensar más ni para meditar, tampoco para debatir. Aunque algunos se opusieron y lo hicieron corriendo hacia los cerros lejanos, la gran mayoría si acató la orden.

Ante la magnitud de lo sucedido, las personas eran susceptibles de creer lo que se les decía; muchos pensaban que había que huir no sabían de qué, del mar le dijeron, entonces así lo tenían que hacer. El miedo y el terror los hacía ser seres muy vulnerables y acataron la orden de René, quien si sabía que la huida era inminente y tendría que ser lo más pronto posible. Si había demora podría ser fatal y, a medida que pasaba el tiempo, sería casi imposible poder navegar aquel río, por eso la urgencia de salir pronto, río arriba.

El río Quenuír es singular. De agua salada y de grandes dimensiones, es de una extensión de catorce kilómetros de largo y de un ancho irregular que en partes supera el kilometro. Había que cruzar ese kilómetro de ancho y un poco más, puesto que los cerros del frente eran quebrados e imposibles de trepar. Además, en ese sector los dividía un banco de arena, de manera que la navegación sería en diagonal, hacia la otra orilla del frente. Volvió a gritar: «¡Arrancaremos por el mar hacia los cerros del frente!». René Volvía a gritar una y otra vez... «Escaparemos por el mar, todos a las embarcaciones, ¡carajo y rápido¡. Las mujeres, los niños y la gente de más edad irán conmigo en la lancha de pasajeros».

La salida fue una estampida sin ningún orden. Todos querían tomar la lancha, otros corrían a los pequeños botes que había en el puerto y arrancaban en forma inmediata y rápidamente río arriba. En esto se perdió el control familiar, las familias quedaron disgregadas en diferentes embarcaciones, el pánico los invadía y el instinto de sobrevivencia fue mayor. René tomó el control de la lancha de pasajero de propiedad de Alfredo Navarro, *Estrella de mar*, con capacidad para 60 personas, aproximadamente. «Rápido, mierda», gritaba. «Corran, súbanse a la lancha, el mar se nos viene». Sobrecargada, efectivamente, los más experimentados ya se percataron de que la mar se notaba con fuertes corrientes. Había mujeres que buscaban a sus hijos, que ya estaban en otras embarcaciones; algunos maridos o esposas buscaban a sus cónyuges, que ya habían zarpado, otros entraban a sus casas a buscar ropa...y en eso se perdieron valiosos minutos, que para algunos fueron fatales. Otro se bajó de la lancha a buscar a un anciano ciego, sentado en la escalera del muelle y con su bastón en mano, y lo trataba de convencer de que subiera a la lancha. El Sr. Milanka se negó y le dijo: «No voy a ningún lado, si tengo que morir, será en mi pueblo». Otros salieron corriendo a los cerros, todos gritaban y nadie entendía nada, era el caos total.

Una vez que la embarcación estaba atiborrada de gente, muchos sangrando por las heridas producidas al salir o querer entrar en sus casas, ya que, por efecto del terremoto, dentro de las casas cada mueble era un proyectil que en algunos casos produjo graves daños en las personas.

René tomó con mucho aplomo el control de la lancha de pasajeros *Estrella de Mar*. El viejo motor ya estaba listo hacia bastante rato y con temperatura para zarpar, partió río arriba, tenía que llega hacia la costa del frente, se habían perdido aproximadamente casi media hora, valioso tiempo para zarpar, había que esquivar un banco de arena que había frente al pueblo, René no cesaban de gritar y dar instrucciones. La lancha de pasajeros *Estrella de mar* zarpó con cerca de noventa personas a bordo, demasiado sobrecargadas y con peligro de zozobrar.

En el villorrio de pescadores del sur de Chile, Quenuir, X Región. A eso de las dos de la madrugada se empezaron a prender las primeras luces de velas, que iluminaban el interior de las casas del pequeño poblado. Ya cerca de las tres de la madrugada se sentía el bullicio en el pueblo, especialmente en el muelle: luces prendidas en casi todas las casas, voces y ya todo el pueblo estaba alborotado. Una algarabía total, las mujeres corrían, los hombres gritaban y cargaban bultos para su salida a la mar; cada cual en su afán de tener todo perfecto, la felicidad inundaba sus corazones y se hacía sentir. Había mucha euforia, ¿el motivo?, que el mar, como nunca en el mes de mayo, cuando es otoño y casi invierno en el hemisferio sur, se encontraba con una calma pocas veces vista y el calor de varios días. «Es una taza de leche», decían, lo cual permitiría a los pescadores del pequeño poblado de Quenuir tener la posibilidad de salir con sus lanchas por la desembocadura de la Barra, en donde se juntan los ríos Maullín y Quenuir e internarse en el océano para extraer el preciado molusco loco (conchalepas), el cual tenía y tiene actualmente un alto valor en el mercado nacional e internacional. Casi toda la población vivía del mar, pero su producto estrella era este molusco. Salir al océano a sacar su preciado marisco significaba incrementar cuantitativamente los ingresos, cosa que sucedía cada vez que el mar lo permitía, puesto que en la desembocadura del río hacia el océano existen roquerías y la gran mayoría son rocas ciegas, de ahí que con mar mala se produce la rompiente, con grandes olas del impacto contra aquellas rocas.

La extracción de este molusco tan apreciado se daba a lo más una o dos veces al mes y a veces solo por un par de horas, todo dependía de las condiciones del mar. En el pueblo, entonces, se estaban preparando para salir de pesca por dos o tres días, según calculaban por las condiciones climáticas excepcionales, que les permitirían internarse en zonas más lejanas del océano y menos explotadas. Los pescadores acarreaban hacia las embarcaciones todo lo necesario para permanecer un par de días en la mar y pernoctar por las noches en lugares seguros de la costa, que la naturaleza nos los da en el océano Pacífico. Cargaban al hombro colchones, frazadas, combustible y víveres; una señora gritaba: «Toma, Pedro, la linterna»; otra gritaba: «Luis, aquí tienes las velas. Se te olvidaron, y también los fósforos»; Juana, con su cigarrillo en la boca, gritaba: «René, aquí te traigo pan». René miro a Juana y le dijo: «Yo no iré, tú sabes, Juana». Ella asintió con la cabeza con una afirmación y se lo entregó a Luciano.

Se preocupaban del más mínimo detalle, especialmente en lo que concierne a los elementos de la faena de buceo y de la embarcación, como cabuyería, amarras y, especialmente, la vestidura que necesita el buzo escafandra. De este último no podía fallar nada y tenía que ser todo perfecto, en fin, esto y lo otro..., de todo se tenía que llevar para estar un par de días y dormir en algún puerto natural y seguro, que les permitiera acampar por las noches. Todo el mundo estaba contento, gritaban, se hacían bromas y las famosas tallas. Augusto le decía a Pedro: «Voy a sacar más mariscos que tú, como siempre lo he hecho. ¡Te hago una apuesta!». Pedro le respondió: «Si te gano me pagas con tu hermana». Así se enojaban, se molestaban y se reían. Otros dos, en un rincón no muy lejano, se pusieron a pelear. Al parecer, el motivo era una dama y los tuvieron que separar, porque se estaban dando muy duro e insultando. Otro gritó: «No peleen, muchachos, mujeres hay para todos». Algunos reían, de todo pasaba esa noche.

Se hizo de amanecida con los preparativos y ya empezaron a calentar los motores de las lanchas, pues había que aprovechar la madrugada para trabajar, porque por las tardes solía ser más complicado debido a la brisa y se les volvía más difícil la faena. La travesía sería de cuatro a cinco horas de navegación. Las mujeres, los niños y también los ancianos los despedían, deseándoles buena suerte en la pesca del marisco. Las embarcaciones zarparon felices, con la esperanza de regresar con un buen botín.

Con eso también zarpó la savia joven, la fuerza productiva del pueblo, los hombres fuertes del mar, que se alejaron del pueblo. Los familiares empezaron el regreso a sus casas felices. Ya estaba por amanecer y unas señoritas que se quedaron conversando murmuraban: «Oye, quedamos solitas, pero esta René ahí, que está bien bueno. Sí, el pobre recién enviudó, pero eso qué importa», argumentó la amiga con cara de picardía, diciéndole «yo lo vi primero». Se acercaron a él, al muelle donde observaba el zarpe, y le preguntaron qué le pasaba, que estaba tan solo. «¿Te podemos hacer compañía?». René se las quedó mirando largamente, luego les respondió: «Gracias, señoritas, pero quiero estar solo». «Entendemos», le respondieron, se despidieron y se alejaron hacia sus casas, mientras las embarcaciones se perdían en el horizonte. Ya estaba amaneciendo, no quedaba nadie en el puerto, las personas se habían retirado a sus casas. El sol, recién apareciendo, mostraba la figura de un hombre solitario apoyado en las barandas del muelle. Fumaba un cigarrillo y miraba con nostalgia cómo desaparecían las embarcaciones; la tristeza lo invadía, habían sido muchos los golpes recibidos en tan poco tiempo. Él quería ser parte de esa expedición que lo sacaría de la rutina diaria, le encantaba el hecho de compartir la faena con su gente, extraer los mariscos y, especialmente, esas juntas por la noche con sus amigos, cuando recalaban en puerto naturales y seguros, donde no faltaba un buen plato de marisco, pescados asados a las brasas y las tertulias, juegos de naipes, cuenta chistes, historias... La pasaban muy bien durante las noches, después descansaban y al día siguiente a la faena de nuevo. Amaba el mar. René, inmerso en esos lindos recuerdos, recordó la promesa que le había hecho a su amada esposa, Ida, de no bucear más, a propósito de un accidente que había sufrido buceando nueve meses atrás. Siendo el precursor y primer buzo escafandra del pueblo, se sentía decepcionado de no ser parte de esa expedición, pero pensó que la promesa a su amada se tenía que cumplir.

Unas pequeñas olas que golpeaban en la orilla sacaron a René de sus pensamientos. Tiró el cigarrillo que hacía rato se había apagado entre sus dedos, miró hacia la desembocadura del río que lo une con el océano y donde las embarcaciones ya no se divisaban. La fuerza productiva de la caleta había zarpado, salido a marisquear a unas cuatro o cinco horas de navegación, quedándose en el pueblo solo las mujeres, los niños y los ancianos, pues la fuerza trabajadora, jóvenes vigorosos y viejos lobos de mar, había dejado solo a René en el pueblo, a su pesar. Luego se dirigió a su casa, revisó los dormitorios de sus hijos, que dormían, y se acostó.

Río arriba

René, aferrado fuertemente al timón, pensó por un instante que el destino lo hizo estar ahí, tomando el control del desembarco y empuñando la caña del timón. Ahora le hizo sentido la petición que le imploró prometer su mujer, estar ahí donde su gente y sus hijos, a los que prometió cuidar. Ahora lo requerían: a su lado izquierdo iba Patricio, por su lado derecho iba Ciro y a ambos les advirtió que se aferraran fuertemente a su cinturón. Así lo hicieron mientras duró la travesía. Milton, de dos años, iba con su nana y Raúl, de 13 años, iba en el sector de los lobitos. La *Estrella de mar* navegaba con mucha dificultad por efecto de la fuerte corriente, la sobrecarga, la demora de la gente en embarcar y los remolinos que se formaban en el río. Era difícil controlar la lancha, incluso para un viejo lobo de mar como René. A poco andar ya se vieron las primeras embarcaciones volcadas, pequeños trenes de olas ya habían llegado al río, donde el navegar en ese estado del mar se hacía muy difícil y las pequeñas y frágiles embarcaciones se volcaban, especialmente porque los botes eran a remo y la gran mayoría, por culpa de la demora en zarpar, ya se estaban viendo las primeras víctima del tsunami. Estos eventos fueron lo más doloroso e impactante para los pasajeros de la *Estrella de mar*, que estaban siendo espectadores y observando a las primeras personas muriendo o intentando salvarse.

El caos reinante en cubierta, de gritos, rezos e imploraciones, pasó a ser casi incontrolable; mamás desmayada y otras que querían lanzarse al mar, su dolor era desgarrador al ver a sus hijos o esposos ahogándose en el río. Los que zarparon en forma inmediata ya habían logrado llegar a tierra firme y estaban a salvo, recordemos que todas las lanchas mayores y a motor se encontraban a lo menos a 5 horas de navegación del pueblo, trabajando en el océano abierto, mariscando y sin saber nada de ellos. Esto también les produjo otro duro golpe a todos los pasajeros de la tripulación y a la gente del pueblo, pues pensaban que la flota, que se encontraba trabajando en alta mar, ya habría sido víctima del tsunami. Al caos reinante hasta ese momento, a los desmayos, a los llantos, se sumó el pánico y el dolor de ver a sus amigos y parientes tratando de sobrevivir y no morir ahogados en el mar. Por lo menos se divisaba a más de una veintena de personas luchando en esas aguas de fuertes correntíos y arremolinados. Patricio recuerda haber visto ahogándose en aquellas aguas a algunos amiguitos, a señoras conocidas y, entre otros, a la profesora, al volcarse sus frágiles botes a remo. Lo que más le impactó a Patricio fue ver a la Policía con sus familias ahogándose. Él los creía inmortales, pero la tardanza en zarpar también les estaba pasando la cuenta.

Mientras tanto, las decenas de lanchas que se encontraban buceando sintieron con más fuerza el terremoto. Dicen que en el mar se amplifican los movimientos y para ellos fue caótico. Vieron desprenderse grandes pedazos de rocas de los cerros y la lancha se movía como un cascabel. Había que subir al buzo, lo cual no era cosa rápida, y luego se dieron cuenta de que el mar se empezó a comportar en forma anormal y con mucho peligro.

Una vez que subieron los buzos a las embarcaciones, todas las dotaciones decidieron poner proa hacia la costa a toda máquina y desvestir al buzo en forma rápida, pero luego se percataron de que avanzaban mas lento de lo normal, puesto que el mar, millones de toneladas de agua, ya se estaban recogiendo para formar la ola y al poco andar quedaron varados a no más de un centenar de metros de la posición en que estaban trabajando. Todo quedó en seco, así que se tiraron al mar que ahora era playa, donde se encontraron con muchas especies marinas que ellos siempre pescaban para degustar. Había de todo lo que tiene la generosa costa del Pacífico y lo que les impactaba y también les causaba temor es que estaban caminando donde había alrededor de 3 a 5 metros de profundidad y que ahora era parte de la playa. Corrían, puesto que tenían la intuición de que algo peor se aproximaba, sin tener tiempo para disfrutar de lo que había por miles de años en esas profundidades: el instinto de sobrevivencia los hizo correr y llegar lo más pronto posible a la costa. Desde su posición serían, sin quererlo, los mejores espectadores, por así decirlo, del comportamiento y la furia más grande de la naturaleza que se tenga registro. Pasados unos minutos vieron una ola de, según registros, más de 25 metros de altura y no había que ser ingeniero para darse cuenta de que desde su posición serían arrasados por esas olas, así que volvieron arrancar cuesta arriba y apenas llegaron a sitio seguro, vieron y sintieron el estruendo de esos millones de toneladas de agua que impactaron a cientos de kilómetros en la costa del océano Pacífico, en el sur de Chile. Sus Lanchas quedaron convertidas en astillas.

Mientras tanto, la lancha *Estrella de mar* seguía y el caos e iba en aumento. René enfilaba hacia los cerros del frente en diagonal, buscando un lugar para atracar y arrancar hacia un cerro; Patricio iba sentado al lado de René y con sus manos aferrado al cinturón, como su papá se lo ordenó para poder sentirse a salvo y tranquilo, puesto que el temple de su padre le transmitía seguridad, mientras se seguían viendo botes volcados. René volvió a recordar la promesa hecha a su esposa, la de no volver a bucear, y ahora comprendió por qué Dios y el destino lo puso justo ahí. De no ser así estaría junto a la marinería, trabajando a cinco horas del puerto, en alta mar.

Su don de líder nato y pericia en el mar les daba confianza a la gente, a las personas que se encontraban en la cubierta de la embarcación, aunque el griterío iba en aumento y el caos también. Había gente desmayada, mujeres que querían tirarse al río e ir en apoyo de sus hijos, que se encontraban luchando por sobrevivir; René gritaba: «Enderecen la lancha», que ya estaba sobrecargada, y los pasajeros, por instinto, se acercaban a la banda de babor, en donde se podrían ver a los que estaban volcados en el río y luchando por sobrevivir. René gritaba una y otra vez: «Vuelvan a sus puestos, enderecen la embarcación», ordenaba. Le ordenó a dos jóvenes arrastrar a las mujeres hacia la banda de estribor, que se encontraba más desocupada, mientras los eventos ocurrían por la banda de babor y los pasajeros, por instinto, querían ver con sus propios ojos quiénes eran los que se estaban ahogando.

El hecho de ir con la lancha cargada a su máxima capacidad solo bastaba para que entrara una pequeña vía de agua, para que sucediera lo peor, la zozobra, y el hundimiento. Los pasajeros le imploraban a René que se detuviera para rescatar a los que estaban intentando por sobrevivir en esas corrientosas y arremolinadas aguas, Rene por primera vez se quebró por segundos, sus ojos se humedecieron, derramo algunas lagrimas, eran sus vecino, amigos, niños y sus amigos la policía que frecuentaban su casa para compartir un juego de cartas, la impotencia de no poder hacer nada por sus amigos por segundos lo quebró, pero sabedor de la situación en que navegaba, esa idea habría sido fatal no se podía hacer ningún tipo de maniobra en esas condiciones y con la lancha sobrecargada, solo había que seguir el rumbo, detener la embarcación o intentar de cambiar el rumbo, solo de intentarlo sin duda habrían corrido la peor suerte, el hundimiento.

La corriente se volvía cada vez más fuerte y más peligrosa, el oleaje era cada vez mayor y Los más jóvenes tiraban soga para que alguien se agarrase y así remolcarlos, pero solo algunos pocos lo lograron por muy poco tiempo. Él se sentía responsable de llevar a buen puerto la carga más valiosa que le había tocado llevar en su vida y no podía cometer el más mínimo error en el timón.

A medida que pasaba el tiempo todo seguía peor. En la boca del río ya se divisaba una gran ola a dos kilómetros de su posición, que amenazaba con arrasar el pueblo. Además, las réplicas ocurrían a cada rato y la ola los perseguía cual monstruo te persigue en tus peores pesadillas; la cresta de la ola superaba los ocho metros y en eso René preguntó al dueño de la lancha, Alfredo (en estado de shock): «¿Cómo estamos de combustible?». Todo esto era a gritos para hacerse escuchar. Casi toda la tripulación lloraba, gritaba e imploraba; las mujeres se querían tirar al mar para morir pronto, los desmayos se sucedían, mientras la señora Juana, una mujer muy serena, además de ayudar a las mujeres descontroladas y heridas, fumaba un cigarrillo tras otro.

Alfredo respondió que bajo la proa había un envase con combustible y René grito nuevamente: Layo, trae un envase de combustible que está bajo la proa». En ese sector se encontraban los jóvenes y noveles marinos, jóvenes e infantes cuyo lugar de encuentro y de recreación era el muelle. Aquella era su plaza de juegos, allí hacían las labores de limpieza y allí fondeaban las embarcaciones de sus padres, que llegaban exhaustos. Los jóvenes se bañaban, nadaban y ayudaban a sus padres en las faenas menores.

Layo caminó por el verduguete de la lancha con el envase de combustible, llegó a popa, donde se encontraba el motor y, con ayuda de otros, vaciaron el «combustible» al estanque. Este fue otro punto de inflexión... El combustible no era combustible, era agua para el radiador, de manera que a los pocos segundos el motor se detuvo. René gritó a los jóvenes que se encontraban en la proa: «Tiren el ancla» y los jóvenes reaccionaron de inmediato y así lo hicieron. Amarraron la cuerda a la roda, ellos sabían de esto y la embarcación se alineó contra la corriente.

Estaba segura, pero la gran ola nos perseguía. Ahora la pesadilla del monstruo que te persigue te hace que no puedas correr ni caminar, te caes, te paras y te vuelves a caer. Ya la gran ola había pasado y arrasado con el pueblo. En la cresta de la ola llevaba casas y sobre las casas iban gallinas y perros. También iba la iglesia del pueblo, que a lo lejos se escuchaba la campana de la torre, sones que escucharon tantas veces invitándoles a la misa dominical. Ahora sonaba como anunciando un gran funeral y aquellos sonidos de la campana hacían que todo se volviera más terrorífico.

Otra vez el horror: el caos, el terror, los gritos y las plegarias seguían; era ensordecedor y todo iba en aumento, La lancha estaba sin motor y expuesta a que se la devore la gran ola. Ahora la ola se veía cada vez más cerca y el desenlace se veía fatal. Temían ser devorados por ese monstruo y su muerte sería inminente. René, conocedor de ese motor, puesto que esa lancha, unos años atrás, había sido suya, bajó a la cabina de la máquina y en cosas de segundos drenó el agua. Sin embargo, el monstruo que los acechaba estaba cada vez más cerca de la embarcación y el caos nuevamente se apoderó de la tripulación que lanzaba gritos e imploraciones. No era para menos, pues estaban a minutos de ser convertidos en trozos de carne. Luego vino un silencio total, un silencio sepulcral: la tripulación de la *Estrella de mar* se entregó a lo que viniera, ya cansada de llorar e implorar, al parecer dejaron sus temores atrás y se entregaron a lo peor. Las familias se abrazaron, algunos rezaban en voz baja y todos se entregaron al desenlace que se avecindaba y que parecía fatal. Pensaron que era su hora de morir y su destino era ir a los brazos del Supremo. El sonar de la campana de la iglesia, ahora parecía que les estaba anunciando su despedida, el silencio se apodero de la gente.

Mientras tanto, René seguía en su afán de poner el motor en marcha. Pidió un paño con combustible y no sé qué hizo, pero lo puso sobre las bujías, le prendió fuego al paño por segundos y luego, rápidamente, lo apagó y ordenó darle manilla al motor. No sé cómo, cosa del destino, por fin un milagro, y el motor se puso en marcha en tiempo récord, aunque eterno para todos: la demora que para todos pareció eterna, milagrosamente pasó muy rápido, aunque esos momentos de tiempo perdido podrían ser fatales, pues el monstruo estaba más cerca y dispuesto a devorar la nave.

No había tiempo. René, con la adrenalina a *full*, pero con un temple y concentración totales, tomó la caña rápidamente mientras los jóvenes subieron el ancla sin mediar orden. Todo era vertiginoso: Patricio se volvió a aferrar al cinturón de su padre, René volteó la vista hacia atrás y pudo dimensionar lo que se vendría, ser arrollado por la fuerza de esas miles de toneladas de agua. Entonces tomó la decisión que no quería tomar por lo riesgoso, pero ahora era el momento, no tenía otra opción, era eso o nada, de manera que corriendo el máximo riesgo que se tenía que tomar en aquella dramática situación, decidió poner a su máxima velocidad al viejo motor, giró en 45° grados a estribor la proa, hacia la corriente, y enfiló directo al cerro más cercano. El bote crujía entero, se movía con peligro de volcar y naufragar, René intuía lo que era muy probable dentro de todas las probabilidades, ya que sabía que esta era su última carta. Grito a los jóvenes, esos pequeños lobitos de mar: «Amárrense el cordel por la cintura y listos a saltar». Su idea era arremeter contra la costa a esa velocidad que tomó la embarcación. Gritaba: «¡Afírmense, que vamos rumbo a colisionar!». A poco de andar y de dar la advertencia, el viejo motor no pudo más y se fundió después de hacer unos cohetazos. Era lo que René temía, mientras los jóvenes se disponían a saltar apenas la embarcación bajara su andar. Lo bueno es que ya estábamos como a unos 25 metros de la costa. Apenas la embarcación bajó su andar, una decena de jóvenes saltaron al mar, nadaron rápido hasta pisar el fondo y ahí empezaron a jalar la embarcación. No sé de dónde esos jóvenes sacaron tanta fuerza, pues la lancha se movió rápidamente, aunque era difícil para ellos mantener el equilibrio por la fuerte corriente. Luego, más personas se fueron lanzando al mar a unirse en ayuda de los jóvenes. La ola nos dio una pequeña tregua, pues había un bajo de arena que disminuyó un poco su velocidad y ahí nos dio los segundos justos y necesarios para lograr el objetivo. Más hombres se lanzaron al mar en ayuda y otros, simplemente, arrancaron cerro arriba. No faltaban más de 12 metros cuando ya toda la dotación se había arrojado al mar para escapar cerro arriba. Los hombres cargaban a sus mujeres y a sus niños. Una vez más se perdió el pudor y el morbo: los hombres, antes de desembarcar, se sacaban la ropa e igual las mujeres más jóvenes, para salir así con mayor rapidez del mar, puesto que la ropa era un obstáculo. Ellos sabían de esto, tenían su experticia, ya que la mayoría habían trabajado en las playas sacando mariscos y al empaparse su ropa sabían que les impediría avanzar más rápido y no había que perder ni un segundo, cargaban sus ropa sobre sus cabezas, algunas se cayeron en el desembarco, se les empapo la ropa o se los llevo la corriente, que importaba estaban a segundos de salvarse. Cada minuto o cada segundo desde que zarparon hasta que recalaron eran cruciales para sobrevivir.

Todos arrancamos cerro arriba. Lucy, cuñada de René, corría; René llevaba en brazos a Jorge y a Milton, su hijo menor. Jorge era el hijo recién nacido de Lucy, la cuñada de René, y de su esposo, Jorge Lastra, que se encontraba trabajando en unas de sus lanchas en el océano, pues también era buzo. Por otra parte, algunos jóvenes ayudaban a los niños y a las señoras de más edad, a las que sacaron cargadas al hombro. La huida cerro arriba fue cosa de segundos. Los menos capacitados sacaron fuerza, tal vez, de su juventud para escapar rápidamente hasta llegar a la parte alta.

Apenas se llegó a la planicie se sintió el estruendo del mar, que impactó contra el cerro. La embarcación en donde venían alrededor de 90 personas quedó convertida en un montón de palos y tablas por la fuerza del tsunami. Ya a salvo, muchas mujeres se arrodillaron, unas dando las gracias a Dios por estar a salvo, otras implorando perdón, y todos estallaron en llanto. El nivel de estrés había sido tal vez el más fuerte que habían vivido en toda su vida. Todos habían visto pasar la muerte por sus narices.

Mientras tanto, la tierra no dejaba de temblar, había réplicas que eran un terremoto más. Los hombres se desprendían de alguna de su poca ropa para prestársela a las mujeres, que estaban en ropa interior o semidesnudas. Eran las más jovencitas, entre 12 y 30 años, pues a las mujeres de más edad las sacaron al hombro. Algunos estrujaban sus pocas ropas para cubrirse, mientras las réplicas continuaban y los llantos no cesaban.

René miro a la multitud y se alegró de que todos estuvieran bien y a salvo. «Misión cumplida, pensó, todos vivos, ningún fallecido». Luego se reunió con sus hijos, los abrazó fuertemente con mucho amor y se fundieron en un abrazo que pareció eterno. Nadie dijo nada, parecía que el silencio hablaba por sí solo. Sin hablarles los tranquilizó, luego se internó en el bosque, con su corazón aún agitado a mil. Estaba exhausto, cada músculo de su cuerpo dolía, la adrenalina a *full* se estaba expresando. Había navegado mar adentro con temporales a remo y/o a vela, durmiendo a la intemperie, pero nada se comparaba con esta travesía extrema. Era la más grande experiencia de horror que había tenido en el mar.

Ya dentro del bosque se abrazó a un árbol y cayó de rodillas, pues sus fuerzas ya no daban más. Cada músculo de su cuerpo dolía y ahí tuvo su propia catarsis: gritó de desahogo, lloró por todos, por su gente, por aquellos que vio morirse en el río sin poder hacer nada, por los que trabajaba en el océano y sin poder saber nada de ellos; por estar vivo, por sus hijos sanos, por su tripulación, con todos vivos y ningún muerto. Durante toda la travesía, que pareció eterna, y en la que llevaba a una tripulación de 90 personas, él sentía que tenía que mantenerse tranquilo, pero el nivel de estrés y la adrenalina acumulada era lo más grande que nunca en su vida había sentido ni imaginado. Abrazó más fuerte al árbol y le habló como si fuera su mujer, Ida. Lo abrazaba y movía sus manos como si la tuviera tomada de la cintura, le decía: «Mi amor, no te fallé, cumplí mi promesa. No sé qué habría sido de esta gente si hubiese estado buceando, te prometí cuidar a nuestros hijos y así lo hice. Aquí están tu madre, tu hermana, tus sobrinos, tus amistades y muchas vecinas. Todos están a salvo, todos bien. Estamos a salvo, mi amor».

Permaneció ahí por un buen rato, duró un buen tiempo ahí de rodillas, hasta que una nueva réplica lo sacó de sus pensamientos. Luego se irguió y pensó: «Ahora hay que seguir nuestro camino». Regresó, volvió a abrazar a sus hijos y pensó en su única hija, que no estaba ahí. Ella no iba en la lancha, no sabía que habría sido de ella.

Luego de que René se unió al grupo, todo seguía igual. La gente estaba desolada por el susto y no saber la situación de sus maridos era lo más desesperante. Juana, una mujer frágil de apariencia, pero muy fuerte, mientras fumaba un cigarrillo consolaba a las mujeres y seguía en su afán de limpiar las heridas a los heridos y les daba consuelo. Los cigarrillos no sé de dónde los sacó ni cómo los mantuvo a salvo, pero seguía fumando. René, junto a otros, se acercó al cerro, puesto que el follaje no les permitía ver el mar desde la posición donde estaban, hasta que encontraron un claro y una vez que llegaron se abrió aquel macabro y horroroso escenario. El pueblo había desaparecido por completo. Se veían pedazos de casas, techos y embarcaciones menores a la deriva. Hasta la geografía había cambiado.

René miró a los que lo acompañaban, cuyas caras de pesar eran evidentes. Les dijo: «Favor, no comenten nada a las mujeres», pero no pasó un par de minutos cuando se vino la estampida de gente a ver lo sucedido. No podían creer lo que sus ojos estaban viendo, no entendían por qué ese castigo tan grande de Dios. Nuevamente vino la crisis, una vez más, el descontrol. Todo era desolación y los llantos no cesaban.

Para que en parte volvieran la calma y un poco de tranquilidad, Juana se puso de rodillas y pidió a todos que así lo hicieran. Después vinieron Mema y la señora Rosa, luego las siguieron las demás mujeres y los hombres. René también se puso de rodillas, los más jovencitos también lo hicieron; Patricio vio a su hermano Ciro de rodillas, él también lo hizo junto a Milton y en un instante estaban los 90 de la tripulación de la *Estrella de mar* de rodillas, formando un círculo. El castigo de la naturaleza los tenía a los 90 así, de rodillas, rendidos, como un acto de sumisión hacia el Supremo. Luego en el círculo, todos lloraban muy fuertes, fue una catarsis colectiva; todos juntos oraron, lloraron y se abrazaron por un largo rato. Hasta Juana lloró. Después de un rato, con este acto de rendimiento, sumisión y gesto de humildad ante Dios, a la gente les dio un poco la paz y la tranquilidad.

René pensaba que en cuatro meses lo había perdido casi todo: a su mujer, lo más probable que a sus trabajadores en alta mar, sus embarcaciones y su casa. Pensó en su infancia, en el hambre que pasó. No quería eso para sus hijos. Luego, ya más recuperado, se reunió con todo el grupo y los arengó: «Hemos perdido todo lo material, pero estamos con vida, es ahora cuando tenemos que ser más fuertes. Por lo que pudimos observar, tal vez haya algunos fallecidos, tengamos fe de que están todos vivos. Si eso no sucediera estaríamos todos de duelo, puesto que somos una familia. Sé que no hay palabras para consolarlos, pero la vida continua y ya es hora de que busquemos refugio, pues el cielo se ve oscuro y amenazante. Hay que partir, ya está oscureciendo», argumentó.

Los hombres sacaron corteza de los árboles para cubrir los pies a las mujeres, a los niños y también para ellos, que en su mayoría estaban descalzos y con yagas. Los pocos que cargaban zapatos los perdieron en el lodo o los botaron para ser más ágiles en el desembarco. Las cortezas de los árboles no fueron de mucha utilidad para proteger sus heridas, pero en algo las mitigaba y así pudieron caminar por caminos de condiciones adversas. También las mujeres se cubrieron con ramas de helechos para cubrir sus partes íntimas. Antes de partir, René advirtió a sus hijos que no se soltasen de su mano. Le faltaba uno en la cuenta de sus hijos, era Tita. «Debe estar bien», pensó.

Día 22 de mayo. 11 A.M.

La hija mayor de René, Juana Elizabeth (Tita), de casi 9 años de edad, se encontraba de paseo en la casa de la finca, disfrutando de la hospitalidad de los cuidadores. El mismo día 22 por la mañana la fueron a buscar a caballo. La niña iba feliz. Ahí la encontraría el terremoto. Después del gran susto y como todos, sin saber qué estaba sucediendo, estaba aterrada, pensando cómo estarían sus hermanitos y su papito. Estaba asustada e inquieta. Pensó en ir a verlos, había que subir a una pequeña cumbre desde donde se puede divisar el pueblo. Estaba aterrada, como todos, pero superando sus miedos, la niña trataba de convencer a los cuidadores de la finca que la acompañaran. A pesar del pánico que le producían las réplicas y las grietas en la tierra, ella creía que podría encontrar a su padre, tal vez el yendo a buscarla.

Los dueños de la casa no querían consentirla, estaban aterrados, pero Tita finalmente los convenció. Al subir la cumbre su corazón se agitaba cuanto más se acercaban al punto desde donde pretendían observar. Al llegar se encontraron con la escena más impactante que podrían haberse imaginado: el pueblo había sido arrasado por el mar, solo se veían techos y paredes de casas flotando, del pueblo no quedaba nada, solo se veía una especie de barro y árboles caídos. Eso era todo lo que podían ver desde su posición.

Tita rompió en llanto y pensó lo peor. Decía y repetía: «Perdí a toda mi familia. En enero se fue mi mamá, ahora mi papito y mis hermanos...». No la podían consolar. Corría de un lado a otro, se dirigió corriendo en dirección al pueblo, hasta que lograron darle caza. La abrazaron, le dieron consuelo y luego se dirigieron a la casa. La niña no cesaba de llorar, no la podían consolar, pues pensaba que se había quedado solita y que su familia estaba muerta en el lecho del río. Esa noche no pudo conciliar el sueño, el dolor y la pena la embargaban. René, por su parte, pensaba, debe estar bien mi niña.

El éxodo

Una vez que llegó la relativa calma de los sobrevivientes, empezó la caminata y de aquel día asoleado y caluroso. En minuto todo cambió, se vino la tormenta de viento, fuertes lluvias, truenos, relámpagos y seguían las réplicas. Parecía que la naturaleza no cesaba de castigar al sur de Chile y especialmente a estas personas inocentes de ese pequeño pueblo llamado Quenuir.

René decidió partir a un lugar seguro, donde pudieran pasar la noche bajo techo. Se dirigió al grupo y les dijo: «Caminaremos hasta encontrar una casa que nos cobije por esta noche, mañana seguiremos la marcha y los que tengan familia por este sector se podrán dirigir a casa de ellos». Efectivamente, la gran mayoría tenía parientes a unos kilómetros de allí. «Los que no tengan donde ir se irán conmigo a mi campo», continuó René. «Iremos en grupos tomados fuertemente de las manos, por si es que nos topamos con alguna grieta de la tierra que abrió el terremoto. Nadie se puede caer, no sabemos qué profundidades tienen. El guía, el primer hombre, irá con un palo para cerciorarse de que no haya algún accidente de este tipo en el terreno». Así lo hicieron y comenzó la caminata. Todos iban sucios y muchos ensangrentados, con heridas evidentes y, además, cargaban las heridas del corazón, con poca y andrajosa ropa. Todos caminaban descalzos y con dificultad, pues en el desembarco los pocos que tenían zapatos se los quitaron o estos quedaron pegados en el lodo.

Al poco de andar, una grieta se cobró su primera víctima. Carlos, un joven de 14 años, se cayó. No sé si fue para mejor o para peor, Estas grietas ahora no se veían, estaban cubiertas de agua a ras de suelo y era casi imposible verlas. Las napas de aguas subterráneas y las lluvias se habían encargado de cubrirlas, mientras otras ya se habían cerrado con las réplicas. Carlos, buen nadador, salió en segundos de la grieta, y más allá se cayó la voluptuosa Raquel, de 23 años. Fue lo mismo, desde niña acostumbraba a lidiar con las olas cuando iba a la playa a sacar mariscos, machas y piures. Duró poco en la zanja y con la ayuda de sus compañeros de marcha, salió con los pechos al aire. No se los volvería a cubrir. Los jóvenes, a pesar de la situación, no podían evitar disimuladamente mirar los voluptuosos pechos de Raquel. Estos accidentes del terreno hacían que los más ancianos marcharan aterrados.

Tras caminar un par de kilómetros divisaron una casa y se dirigieron hasta llegar cerca de la puerta principal. Los recibió el dueño con cara no muy amigable, miró la multitud con asombro, a ese grupo de peregrinos, semidesnudos, sucios y harapientos. René le solicitó que los cobijara esa noche, puesto que ya estaba muy oscuro y las lluvias y las réplicas no cesaban. Aquel extraño hombre en un comienzo se negó rotundamente y René lo increpó fuertemente, lo cogió por los hombros con fuerza y le dijo: «¡Hijo de puta, si no nos da cobijo, entraremos a la fuerza!, esta gente lo necesita», le gritó. «La gran mayoría... ¡Míralas!, son mujeres de edad y niños». El hombre miró a René a los ojos y finalmente cedió, pero lo que les ofreció fue el establo de los animales. René solicitó si podría cobijar en su casa a una dama que iba en el grupo con su hijo recién nacido, pero el hombre no cedió. Luego, el grupo se dirigió al establo ofrecido, que estaba vacío, pues los animales habían huido al bosque. No pudieron disimular su sorpresa y descontento, ya que la hospitalidad siempre ha sido un sello característico de la gente sureña, aunque esa vez no fue así. El galpón de piso de tierra también los recibiría con poca amabilidad. Había excremento en el suelo, muchas goteras y hoyos en las paredes y el techo. En un sector del galpón había forraje para el ganado, mientras que en el otro extremo se veía leña y un cerro de papas. Este tubérculo se da mucho en esta región y junto con los mariscos es el principal alimento de los habitantes de la zona. Hicieron fuego, se calentaron y secaron la ropa. Alguien encontró una olla, hirvieron agua y bebieron agua caliente en vasijas sucias y maltrechas. Nada importaba. Había que calentar el cuerpo. Juana encontró unos sacos de papas vacíos y, con ayuda de LLima y con una guadaña y machete para cortar maleza, le hizo un hoyo en el centro y en los costados, convirtiéndolos en unos vestidos que entregó a las mujeres que estaban más destapadas. Los vestidos estaban con tierra, pero les servirían para cubrirse y también les daban un poco de abrigo. Encontró la oposición de Raquel, pero Juana, con carácter, le gritó: «¡Te lo pones!». LLima muy pícaramente le dijo a Raquel, préstame tu "vestido", le hizo un escote y una abertura atrás, te gusta así, Raquel lo acepto con una sonrisa.

Llima y Juana eran las que les daban más animo a la gente. Juana con su apoyo y LLima con sus bromas, les hacían sacar una sonrisa a pesar del sufrimiento. Luego hirvieron papas o las cocieron en las cenizas de la fogata, porque tenían que reponerse del hambre. Los que pudieron dormir lo hacían sobre la paja, pero la lluvia torrencial no cesaba, había goteras por todos lados y las réplicas del terremoto hacían que el viejo galpón se moviera por completo. A eso de las cuatro de la mañana hubo otro terremoto. Eran réplicas muy grandes y difíciles de cuantificar. Los gritos, los desmayos y las imploraciones tampoco cesaban. Claro, era lógico, pues no entendían lo que estaba sucediendo ni cuál sería su futuro y qué les deparaba el destino. Además, estaba la incertidumbre de sus maridos, hijos y padres de aquellos que vieron hundiéndose en el mar sin saber su suerte, así como de aquellos que estaban trabajando en alta mar. La incertidumbre de no saber nada de sus seres queridos, las condiciones en que se encontraban, además de perder sus casas y sus fuentes laborales, eran un daño emocional y psicológico muy grande, por lo que seguían ocurriendo eventos como desmayos e histeria colectiva. Muchos ya estaban idos, en estado de *shock*, completamente superados por todo lo sucedido. «¿Por qué, Señor Dios mío, por qué?», era la exclamación más recurrente.

Al amanecer, el grupo se puso en pie y empezó el éxodo. Los sobrevivientes de la *Estrella de mar*, después de caminar unos kilómetros, ya que la distancia era larga, debido a que el desembarco fue al lado opuesto del río y por la barrera natural que este representa, tenían que dar la vuelta completa al río (en donde nace), para llegar al lado opuesto, donde se encontraba el pueblo y el sector de familiares de muchos. Durante esa primera caminata se les cruzó un hombre a caballo que reconoció inmediatamente a René. Este le solicitó si podía adelantarse y hablar con un amigo de él, apodado el Mano de gato, para que lo esperase con algo de comer (se tenían mucha confianza). Al llegar a la casa del amigo de René, el llamado Mano de gato, este caballero apenas recibió la noticia del jinete inmediatamente se dispuso a carnear un novillo. Los recibió con muchas muestras de cariño a los sobrevivientes y se dieron un gran abrazo con René. La esposa de este caballero preparó cuatro ollas grandes de carne en abundancia y luego, con ayuda de Juana, repartió los trozos de carne. La hija preparó pan, que compartió con los más débiles, los niños y ancianos. Además, prestaron los pocos zapatos que podían regalar y ropa para el abrigo. El dueño de casa le ofreció a René quedarse todos los días que él quisiera y René se lo agradeció, «pero tenemos que continuar la marcha», le explicó. René, ante el ofrecimiento de su amigo Mano de gato, y por la confianza que se tenían, le dijo: "te aceptaría una carreta con bueyes, que nos sería de mucha ayuda, especialmente para los que cargaban bebés y los más ancianos. «Sería de mucha ayuda que nos aventara un par de kilómetros». «Pero por supuesto», contestó el amigo.

Los sobrevivientes de la *Estrella de mar* comieron carne de vacuno con papas cocidas y descansaron un poco. Los bueyes y la carreta ya estaban listos y emprendieron de nuevo la marcha. En el camino otro lugareños conocidos de René también les ofrecieron más carretas empujadas con bueyes y la poca ropa o mantas que podían ofrecer (en aquellos años, tener dos mudas de ropa era un lujo, ni pensar en los zapatos). Por fin se sintió la hospitalidad sureña.

Continuó la caminata y después de unos cuatro kilómetros, el grupo poco a poco se fue desintegrando, pues familias y pequeños grupos se dirigían a casas de familiares o amigos. La despedida fue conmovedora, los que iban para un lugar u otro y los que seguían su marcha se abrazaban, lloraban y se deseaban suerte. Si había diferencias eso ya no importaba, lo vivido en aquella lancha nunca lo olvidarían y los marcaría para siempre.

Los parientes y amigos los recibieron con mucho cariño, sorpresa y muestras de júbilo. Todos eran campesinos que, por el lugar geográfico en donde vivían, no sufrieron la furia del mar, pero sí estaban enterados de lo que había sucedido en el pueblo de Quenuir, de ahí también su sorpresa y la alegría de verlos llegar vivos, que los animó muchísimo, puesto que muchos eran hijos o familiares directos. Así, la expedición se fue desintegrando poco a poco.

El grupo de René lo componían alrededor de seis familias. Eran los últimos, puesto que su finca quedaba muy cerca del pueblo desaparecido. Se dirigían a la finca de su esposa. Para Ida, esa finca había sido su obsesión, en comprarla, no contaba con la aprobación de René, a él solo le gustaba el mar, no le interesaba el campo, pero Ida supo persuadirlo y René la consintió. Ahora pensaba que era otro milagro de su esposa, ya que tendrían techo y comida, además de buenos recuerdos, puesto que habían pasado muchos fines de semana allí, donde Rene e Ida, iban en la camioneta con sus hijos a pasar algunos fines de semana. Su esposa molestaba a Rene cuando lo veía feliz disfrutando la finca. La compra de esa finca fue una bendición por parte de Ida: ahora les daría cobijo, comida y un poco de tranquilidad.

El día 23, a las 17 horas, la comitiva que acompañaba a René, alrededor de treinta personas, caminaba por un camino rural en el que los caballos y las carretas dejan sus huellas. Desde allí se asomaron por la parte alta de la finca y divisaron la casa y los animales de la finca. Los perros ladraron fuertes, los inquilinos de la casa salieron a ver qué sucedía, ya que los perros ladraban tan duro. Vieron a un grupo bastante grande con sorpresa, pero luego se alegraron. Tita salió corriendo, pensando que era su papá, luego detuvo su carrera como a unos 30 metros y se asustó. No le parecieron seres humanos, a ella le pareció que eran seres de otro planeta, gente muy sucia y con ropa rasgada, semidesnuda y ensangrentada. Raquel seguía semidesnuda y Tita, con todo lo sucedido, estaba muy susceptible y arrancó pensando que esos seres la iban a buscar. No los reconoció como seres humanos, retrocedió, luego René gritó: «¡Tita!» y su corazón pareció que se le iba a salir. Esa voz la reconoció de inmediato, era su papá y corrió velozmente a su encuentro. René también corrió, pero más lento: ya le quedaban pocas fuerzas. Se fundieron en un abrazo conmovedor. Era su única hija, la niña de sus ojos. Fue un encuentro emocionante y luego Tita abrazó a sus hermanos... Estaban felices y el reencuentro fue impactante. Tita no cesaba de llorar, pero esta vez de alegría y por la felicidad que la embargaba.

Después, los cuidadores de la finca saludaron a toda la comitiva, asombrados por el estado en que venían. René se dirigió a la dueña de casa y le solicitó que matara tres gallinas. «Favor, haz una buena cazuela. Venimos con hambre, débiles y con frío», le dijo. «Sí, claro, comprendo», respondió la dueña de casa.

En el galpón contiguo a la casa, que después serviría de punto de reunión, de albergue para los hombres y los jóvenes. Allí hirvieron agua en el fogón, en un caldero grande que había, para que las mujeres, en primer lugar, se pudieran lavar. La dueña de la casa, con la ayuda de Juana, prestaba mantas y ropa a las mujeres, sábanas y las pocas frazadas, como también lo hacía el dueño de la casa con los hombres, entregándoles las frazadas para que se pudieran cubrir. Les hicieron una abertura en el centro y las usaban como mantas, que les sirvieron de abrigo y para cubrir sus partes íntimas, la ayuda de los cuidadores apenas alcanzarían para no más de cinco personas.

Las mujeres, una vez bañadas, cogieron las pocas mantas y ropa seca y limpia que había y después se incorporaron a la cocina, a ayudar a la dueña de casa. Todo esto con las instrucciones de Juana, que seguía con el cigarrillo pegado a la boca y que rápidamente comenzó a dar órdenes, tomó el control de todos los quehaceres de la casa. Los hombres estaban en el fogón ahí se haría la comida y también lavaban ropa y la secaban a orillas del fuego. Mientras, los niños jugaban y Tita, feliz también, jugaba con sus amigas. El ambiente se sentía mejor, había esperanza y las cosas iban mejorando. Hubo una comida algo distendida, con la cuarentena de comensales diseminados por distintos rincones, pues no había mesa para tantos, aunque el ambiente había mejorado en parte.

Después vino la sobremesa. Los mayores conversaban acerca de la magnitud de lo sucedido. No tenían claridad sobre lo que había que hacer ni sobre lo sucedido y la incertidumbre ante su futuro también era otro factor de desgaste emocional: no tenían techo ni sitio donde construir, a lo que se añadían las pérdidas de familiares, su fuente laboral, etc.

Estaban en ese debate y ya se estaba oscureciendo cuando, por la parte alta, apareció un grupo caminando. Eran los marineros que se encontraban en el océano, mar adentro, en el momento del terremoto. Iban raudos hacia el pueblo a ver a sus familiares, ansiosos de verlos y saber de su situación. René y los demás salieron a su encuentro, se abrazaron, se alegraron y lloraron de felicidad, pues los creían muertos. La primera pregunta que les hicieron fue: «¿Cómo están todos?». «Todos bien», fue la respuesta de los marineros. Se abrazaron y algunos que tenían a sus familiares ahí, en esa finca, tuvieron un reencuentro emocionante. Sus mujeres, hijos y padres, que se encontraban ahí también, los creían muertos, así que la emoción los embargó por largo rato. El abrazo con sus madres, esposas e hijos fue conmovedor. Todos lloraban, pero ahora los embargaba la alegría.

Era la primera alegría que sintieron después del gran sufrimiento. Llegaba la fuerza efectiva, la sangre joven, adulta y productiva de los hombres fuertes del pueblo estaba de regreso, estaban vivos y sanos. Estos marineros, muchos forjados en el remo, maduros, viejos lobos de mar, hubieran hecho mucha falta durante la tragedia para el pueblo, puesto que aquellos que regresaban habrían sido de tremenda ayuda para René para salvar más gente. Pero la alegría de encontrarse ante tanta gente vigorosa y llenas de vida les duró poco... Luego vinieron las preguntas del resto de los tripulantes, alguien que no encontró a su familia allí lanzó la pregunta que todos se hacían: casi todas sin respuesta. «¿Y la gente de Quenuir, cómo está?». Hubo un silencio, luego René les respondió: «Quenuir desapareció, yo solo pude rescatar a noventa personas en la lancha *Estrella de mar,* del resto no sabemos, la furia del maremoto fue tan arrolladora que se hizo incontrolable. El descontrol fue total, unos huyeron a pie hacia los cerros, otros en botes a remo». Empezaron a preguntar por sus familias, algunas de las cuales ya se habían reencontrado sanos y salvo, mientras de otras les contaban que se quedaron en el camino con sus familiares o amigos. René le dijo a Cuminillo que la Eliana se fue a los cerros donde Aníbal, «más no sé de ella». No hubo respuestas para otros, puesto que no se sabía la suerte que habían corrido. Los marineros que no encontraron a sus familiares se dirigieron hacia donde se les informó que estaban o donde podrían estar y se marcharon.

René se emocionó al ver llegar a algunos de estos jóvenes, que eran unos mocitos cuando realizó la primera sumergida de buzo del pueblo. Para ellos René era su ídolo desde hacía mucho tiempo, cuando lo veían jugar al fútbol en la cancha del pueblo y especialmente cuando quedaron alucinados, aquel día en que ellos estaban presentes en la playa, al ver sumergirse al primer buzo escafandra. Aquello lo consideraban un hito y toda una proeza, por eso le tenían mucho respeto y admiración.

14 De enero de 1952

Por septiembre del año 1951 rondaba por las cantinas un forastero de nombre Carlos García, nacido en Quenuir. Su peregrinar por muchos puertos pesqueros lo había convertido en buzo escafandra de profesión. Él trataba de convencer a la gente más pudiente del pueblo de que había que explorar el fondo del mar, decía, «porque ahí está sembrado de locos (molusco) por miles y millones de años. Yo he recorrido este sector y así es», decía. Lo trataban de loco y charlatán, entre otras cosas.

Con el que tuvo una conversación más cercana y mejor conexión fue con René, amigo de la infancia al que fue a visitar a su casa u otras veces lo invitaba a un bar, a compartir y tratar de convencerlo. Una vez más se reunieron, esta vez en casa de René. Ida ya estaba enterada de las intenciones de Carlos. Se sentaron en la mesa, Carlos llevaba un vino y su discurso cada vez era más convincente. Necesitaba a alguien que tuviera una lancha a motor, decía, el fondo marino de este sector está sembrado de locos (conchalepas). Debe haber millones y su precio en el mercado es el mejor. La inversión que había que hacer era importante en aquellos tiempos, se trataba de un emprendimiento de alto valor para cualquier habitante de aquel pueblo. «¿Qué hay que hacer?», pregunto Ida, a lo que Carlos respondió que había que ir a Valparaíso para comprar todo el equipamiento que se necesita para un buzo escafandra. Ida preguntó: «¿Y qué más se necesita para eso?». «Bueno», dijo Carlos, «repito, todo el equipamiento del escafandra, maquinaria, implementos y, lo más importante, tener un buzo. Y aquí lo tienes frente a ti».

René miraba a Ida, que quedó pensativa. Luego se puso de pie y golpeó la mesa, miro a René y dijo: «Hagámoslo, mierda, y si cagamos..., cagamos, qué más da, somos jóvenes y podemos levantarnos».

El 14 de enero de 1952 se hizo la primera prueba a unos 50 metros del muelle y de la playa de Quenuir. Allí estaba casi toda la población observando. Algunos jovencitos merodeaban en bote cerca de la embarcación, no querían perderse aquel espectáculo que para el pueblo era un acontecimiento de todo tipo: para algunos una locura, para otros una proeza. A los marineros ya se les habían realizado varias instrucciones por dos semanas y simulacros de cómo vestir y, especialmente, de cómo comunicarse con el buzo escafandra cuando estuviera trabajando en las profundidades.

Estaba todo listo para la primera prueba. El buzo, en la escalera, hizo una señal de despedida y se sumergió. Alrededor de 15 minutos después avisó al telegrafista que subiera la malla, que iba llena con diferentes especies de mariscos que había en el fondo marino de aquel río. Luego avisó de que lo subieran y, apenas emergió el buzo a la superficie, vino el júbilo. La gente aplaudía y los niños, emocionados y sorprendidos, aplaudían entusiásticamente. Cuando el buzo estuvo en cubierta, René emocionado, miró hacia la desembocadura, que se encontraba en calma, y gritó: «¡Vamos a sacar locos, carajo!». «¡Vamos!», asintió Carlos.

Salieron al océano a un lugar muy cercano, no muy lejos del pueblo. No pasaron más allá de 2 horas cuando ya regresaban con 2.000 de estos preciados moluscos, de 400 gramos de carne cada uno. El júbilo en la lancha era indescriptible. Carlos tenía razón, esas costas del Pacífico Sur estaban sembradas de locos. Esta expedición cambió la suerte del pueblo, que pasó de ser un pueblo con muchas carencias a ser pobladores mariscadores, solo de playa, a ser un pueblo más próspero y con mayor tecnología. Fue un antes y un después. Al poco tiempo había una decena de embarcaciones de buceo y, como consecuencia, fueron mejorando las condiciones de vida de la gente y del pueblo. René pensaba que estos jóvenes que venían llegando de altamar eran unos niños de unos 13 a 15 años aquel día, 14 de enero de 1952.

Los hombres con familia en el campo de René se reunieron por la noche. Había que organizarse para subsistir y sobrevivir en esas condiciones. La población había aumentado con la llegada de los marineros y buzos, pero el problema de la comida estaba casi solucionado. Como en toda finca, había carne de vacuno, de oveja, cerdos, pollos y vegetales de huerta, como papas, zanahorias, zapallo y otros, pero había que comenzar con el racionamiento, puesto que no sabían qué les depararía el destino. El problema más grave era el abrigo y remedios ante el intenso frío del crudo invierno. Había más de 40 personas, entre adultos y niños, sin calzado, poca ropa y sin frazadas. Entonces se decidió que un grupo hiciera «zapatos» con cueros de vacuno y de oveja que el cuidador de la finca tenía en su bodega; otro grupo tendría que ir al bosque a cortar leña, que ya estaba escaseando; las mujeres, dirigidas por Juana, harían medias con la poca lana de oveja que había y con improvisados palillos de alambre o de varillas de madera; otro grupo, compuesto por nueve jóvenes recién llegados del mar, se dividirían en grupos de a tres para recorrer las diferentes fincas de las cercanías a pedir ayuda de ropa, frazadas, lana para las medias, cuero y todo lo que pudiera servir.

Los «zapateros», dirigidos por LLima, tuvieron momentos bien distendidos. Se reían de algunos diseños, cada cual usaba su ingenio y a algunos se les ocurrió hacerlos con suela de madera, otros enteros de cuero y otros mixtos, con suela de vacuno y cuero de oveja. Cada cual disfrutaba de sus diseños y se burlaban unos de otros. Los que salieron a buscar ayuda sintieron la hospitalidad de la gente sureña y regresaron con frazadas, ropa, zapatos, cueros y calcetines de lana de oveja... entre otras cosas. No alcanzaba para todos, pues en aquellos tiempos tener zapatos o ropa era un lujo, pero fue de tremenda ayuda. También conversaban sobre que cada familia tendría que construir una casa para habitar y así evitar el hacinamiento en el que estaban. Para hacerlas había bastante materia prima flotando en el mar. Con techos y paredes empezarían a construir sus casas provisorias. El día 23 se dispusieron a realizar lo acordado y no les dio temor acercarse al mar.

En la búsqueda de paredes, techumbre, también encontraron botes, en las orillas como también arriba de los arboles, así que empezaron el acarreo con bueyes de pedazos de paredes o techumbre y al poco rato Juan gritó: «¡Encontré un cadáver!». Parecía ser la señora Carmen, una persona muy conocida y querida del pueblo, al poco rato Horacio encontró a un joven conocido por todos del pueblo. Pararon su faena y le dieron sepultura en un explanada que serviría más tarde de un improvisado cementerio. René reunió al grupo y les dijo que no fue una casualidad toparse con cadáveres. «Debe haber muchos más en el río, somos hombres del mar y reuniremos la máxima cantidad de botes para buscar a nuestra gente que falleció, esto tiene prioridad, antes que venga la descomposición. Las construcciones podrán esperar».

Los marineros que habían llegado estuvieron de acuerdo. Al fin y al cabo, en un pueblo tan chico todos eran como una familia y las penurias pasadas más los unían.

La búsqueda

Los marineros y René buscaron botes, algunos los encontraron arriba de unos árboles y otros flotando en el mar o en sectores más increíbles. Con todos hicieron una pequeña flotilla (los que estaban menos maltrechos), y con hachas cortaron palos e hicieron los remos. Para ellos, además de ser expertos, eso era cosa habitual, así que se hicieron a la mar. El río estaba en calma, pero muy malo para navegar por la cantidad de escombros. Era impresionante, había de todo flotando: palos, pedazos de casa, escombros, árboles, madera, muebles, camas, etc. Todo eso también les sería útil para la reconstrucción. El grupo se dispersó hacia diferentes puntos y Luciano fue el primero en gritar: «¡Encontré a un niño!». Cada cual retornó al punto de encuentro al atardecer con su macabro cargamento. A pesar de ser hombres rudos y forjados en la adversidad, remaban con lágrimas en los ojos. Regresaron con dos, tres y hasta cuatro cadáveres, cada uno, todos amigos, parientes o conocidos. Entre todos les dieron digna sepultura a cada uno de ellos. Eran los primeros 18 cuerpos, en una ceremonia llena de simbolismo y pesar, en aquel cementerio improvisado. Todos con lágrimas en los ojos terminada la faena de ese día, se sentaron en el césped, se abrazaron y lloraron. Eran sus amigos, vecinos, hermanos y parientes. Les rezaron e imploraron por ellos, además, sabían que sus otros parientes desaparecidos podrían estar en ese río. La faena de búsqueda se repitió al día siguiente y siguió por varios días. Otros marineros que estaban en otros lugares se unieron a la búsqueda, también incorporaron a los jóvenes en los botes para ayudar a remar u observar. Encontraron cadáveres por todos lados, algunos en el lecho del río, otros en los pantanos y algunos en los árboles, en donde los dejó el mar.

La llegada al puerto donde se encontraba el cementerio provisorio era un lugar de encuentro para las familias que se encontraban diseminadas por diferentes casas de campo. Las mujeres, junto a sus padres e hijos, pasaban horas allí esperando la recalada de los botes. También les servía para compartir con otros amigos e informarse de las últimas novedades, tomar un té o merendar a la espera de la recalada de los botes que salían en la búsqueda de cadáveres. En el momento en que empezaban a llegar uno a uno con su macabro cargamento, las escenas volvían a ser caóticas por parte de los familiares y amigos, que habían esperado por horas con la esperanza de ver algunos de sus desaparecidos. Se abalanzaban sobre los botes para ver si venían algunos de sus deudos, algunos con frustración de que no los hubieran encontrado y otros con tremendo pesar al ver a sus padres, madres, hijos, parientes o amigos en estado casi irreconocible, ya que la fuerza del mar había dejado sus macabras huellas en aquellos cuerpos, en su mayoría mutilados. Mientras los deudos lloraban y abrazaban a sus seres queridos, los lavaban y ahora los llevaban en carretas de bueyes a sus casas prestadas para hacerles el velatorio. Todas las mañanas se hacía el ritual de darles sepultura. Los más fuertes hacían el ritual de enterrarlos uno a uno, tras la ya habitual ceremonia de rezos y cantos religiosos que se estaban haciendo por varios días. Luego se retiraba cada uno a la casa de parientes o amigos, porque al día siguiente la búsqueda tenía que seguir.

El hallazgo
24 de mayo
(El reencuentro)

Aquel día por la mañana, mientras los hombres construían sus provisorias casas y las mujeres preparaban el almuerzo, René y dos ayudantes más carnearon el primer vacuno: el almuerzo sería contundente y la faena, larga. Después de descansar el almuerzo, los marineros partieron al río para tomar cada uno sus botes, mientras los más veteranos acarreaban escombros con bueyes hacia el lugar que sería el de sus casas. Los más jovencitos tenían la misión de sacar los viejos y oxidados clavos que tenían las tablas, que serían elementos claves para la construcción.

Los botes se dispersaron por diferentes lugares. René tomó la decisión de ir a un riachuelo cerca del pueblo de Quenuir y distante unos tres kilómetros del puerto base que tenían ahora. Aprovechó la marea para remar a favor de la corriente y pensó en regresar cuando la corriente cambiara. Se internó en el riachuelo de no más de 80 metros de ancho, pero ahora a lo menos tenía unos 200 metros. Remaba sorprendido de la destrucción (este río quedaba apegado al pueblo) y del cambio del curso de este. Luego pensó: «Este río lo conozco como la palma de mi mano» y también recordó cuál había sido su primera experiencia en aquel río. Recordó su infancia muy precaria, a su madre, Elisa Paredes, enferma, que cuando podía hacía pan para vender. Vivían cerca de ese río, con techo de paja y un fogón de leña en donde hacían todo: era la cocina, la sala, el comedor y, en un rincón, las camas. El fogón, además de servir para cocinar, también servía para calefacción de la frágil casa y de mantenedor de las carnes o pescado ahumado. El problema de la mamá de René eran las grandes carencias. Tenía muy poco o casi nada para cocinar, a veces lloraba por no tener qué darle a su hijo y René sentía esa hambre que duele. Era el niño con mayores carencias del pueblo, nacido para perder, pero él estaba dispuesto a torcerle la mano al destino. Mientras bogaba en busca de algún cadáver, recordó nuevamente la primera cercanía con ese río. Fue un día a la salida del colegio, que quedaba al otro extremo de su casa, terminada la clase. Era temporada de vacaciones de verano y salía del colegio junto a unos amigos. Después de una llovizna salió el sol, caminaba junto a ellos de regreso a casa por la playa y el grupo, poco a poco, se fue desmembrando. Cuando ya quedó solo, divisó una embarcación desembarcando mariscos, el cual era el único sustento del pequeño villorrio de casas de gente humilde. Se acercó a la embarcación, divisó la faena de desconchar los mariscos: sus jugos gástricos y sus vísceras se retorcijaban de esa hambre que normalmente sentía y su boca se humedeció. Su instinto hizo que se acercara a un tío, hermano de su padre, al que nunca conoció. Tímidamente se acercó a él y le pidió si le podía dar unos mariscos de regalo para saciar su hambre y pensó que si le regalaban más le llevaría a su madre. El tío lo miró furioso, le negó su súplica y lo increpó con groseras palabras... «¡No te quiero ver más por acá, bastardo de mierda!», le gritó y le tiró una piedra. Por un momento quedo paralizado, no derramó ninguna lágrima, se dio la vuelta, empuñó las manos y se dirigió a casa. Ahora reafirmaba lo que siempre se había imaginado, que en este mundo su familia eran solo él y su madre. Llegó a su casa, abrazó a su madre y ambos se pusieron a llorar, ella por no tener nada que darle de comer y él por no poder hacer nada para darle una mejor vida a su madre. A pesar de su corta edad, ese era su principal sueño, sacar a su madre de la pobreza extrema en que vivían. Se dirigió a recostarse a un rincón de la única sala del fogón a leña, sobre unos cueros de lana de oveja, luego quedó en silencio y después se paró bien resuelto y esbozó unas palabras. «Tomé una decisión, me voy a trabajar y ahora mismo». La mamá lo quiso detener, pero no pudo, se fue a aquel río que ahora navegaba, se sacó la ropa, la puso sobre su cabeza y se internó en el agua. Cruzó el río caminando, un río de poca profundidad, y al otro lado de la costa se volvió a vestir, luego se dirigió a una pequeña empresa de aserrado que existía en aquel sector, llegó al aserradero y pidió hablar con el jefe, se presentó e inmediatamente le solicitó trabajo. El hombre lo miró, le preguntó qué edad tenía y él respondió que 11 años con mucho aplomo. El hombre lo vio tan resuelto que le dijo: «Muy bien, mañana empiezas a trabajar de aguatero. Tendrás que sacar agua de aquel pozo y echársela a la caldera».

Al día siguiente empezó su faena a las 7:30 de la mañana. Tuvo que cruzar el río casi escarchado, desvestirse y luego al otro lado vestirse. La jornada empezaba a las 8 AM, se desempeñó bien como aguatero. A las 12 sonaba la sirena, señal de que había que almorzar, y al otro lado del río lo esperaba su mamá con el almuerzo, una pequeña merienda. René almorzaba y luego descansaba en las piernas de su madre, a veces se dormía mientras hablaban, luego René se reponía y se despedía de su madre, que lo veía internándose en el río desnudo y las lágrimas le brotaban de los ojos. «Es mi niño, de tan solo 11 años», pensaba. Esa rutina era la misma todos los días: internarse en aquel río cuatro veces al día. Cada vez que René se introducía en el río le rompía el corazón a su madre.

Terminadas las vacaciones de verano, todos los estudiantes regresaron al colegio menos René. Su profesora, Angela Aburto, preguntó por él y los alumnos contaron que estaba trabajando y que no regresaría al colegio. Angela no estaba dispuesta a perder a su mejor alumno y lo mandó a buscar con la Policía (solo por joderlo). La clase de ese día era de buenos modales, un ramo fuera de programa, pero a la maestra Angela le encantaba hacerlo, quería que sus alumnos aprendieran y supieran comportarse educadamente ante la sociedad. Hacía una hora a la semana de esa materia de buenas costumbres y de cómo comportarse. Era una educadora de vocación. En aquel momento estaban repasando la clase anterior, el saludo de un caballero a una dama, y a Rubén no le resultaba el saludo. En eso apareció René con la Policía por la puerta, se acercó a su profesora, se sacó el sombrero, se inclinó, la miró a los ojos, le dio un beso en la mano y le dijo: «Buenos días, señorita». «¡Bravo!», gritó Angela, «eso es lo que tienes que hacer, Rubén», dijo Angela. Luego abrazó fuertemente a René y le dijo que se alegraba de que estuviera de vuelta. Terminada la clase dijo que se fueran todos menos René.

Quedaron solos, ella miró fijamente a René y, después de un silencio, dijo: «Mi niño, entiendo tu necesidad de ayudar a tu madre, es por eso por lo que quiero ofrecerte que trabajes en mi casa en las actividades menores. Ahí tendrás comida y alojamiento si así lo deseas o puedes dormir con tu madre. Con lo que te ofrezco podrás llevarle comida y dinero». Su profesora, casada con un ciudadano noruego, Sigur Stanger, muy enamorado de Angela, la siguió hasta aquel lejano pueblo, se enamoró del lugar e hizo su casa soñada para su querida esposa a orillas de la playa, una casa imponente de estilo suizo, de finas terminaciones, amplias terrazas, grandes salones con lámparas colgantes y la única con luz eléctrica, que sobresalía de las demás. Este ciudadano, constructor naval, encontró en aquel lugar tierra fértil y también una oportunidad de desempeñar su oficio y *hobby, la construcción de ribera.* René hacía las tareas de picar leña, tener surtida la leñera, llenar los estanques de agua, hacer mandados varios y el huerto. René, con Sigur, tuvieron una buena conexión inmediata y él le enseñó los secretos de la construcción de embarcaciones. Don Sigur, al igual que toda su familia, estaba feliz con René, lo encontraban muy inteligente, especialmente bien educado y respetuoso. Se tenían mucha complicidad, especialmente con su hijo Niel, que seguía a René todo el día.

A los 14 años, con ayuda de Sigur, construyó su propia embarcación y a los 15 años se hizo a la mar con velas y a remo. Salía al océano cargado de encargos que le hacía la gente que vivía cerca de la costa del océano, llevaba insumos muy necesarios como azúcar, harina, café, etc. de todo para la cocina, y él regresaba con tablas de alerce, de gran valor en la época, y que servía de recubrimiento para las construcciones de casas tan típicas en el sur de Chile. Sus travesías duraban más de dos días remando o de un día si tenía buen viento, lo que le permitía hacer la navegación a vela solo para llegar al destino de su carga. Lo mismo para regresar y, si le sorprendía temporal en el océano, tenía que capear en requeríos o buscar refugio en caletas tranquilas y naturales, protegidas del viento. Sus embarcaciones fueron creciendo en tamaño y en capacidad. A los 16 años compró la casa que él soñaba para su madre, Elisa. Luego vino el buceo y con eso su negocio más rentable hasta el momento. En el año 56, ya casado, la maestra Angela enfermó. Por su condición la tuvieron que trasladar a la zona central del país, a un clima más cálido y seco, tuvieron que vender la casa y el único con capacidad de compra fue René que, con 30 años de edad, compró la casa donde había sido el criado. Era una casa grande, hermosa, soñada, y la felicidad embargó al matrimonio de René e Ida, pues tenían la casa que nunca habían imaginado tener. René ahora era dueño de la casa donde, si bien es cierto que había sido el criado, también pasó los mejores años de su infancia y fue en la única parte donde había sido tan querido, tratado como un hijo y acogido con mucho amor. En esa casa él y su esposa Ida vivieron sus mejores años de matrimonio, criaron a sus hijos e hicieron muchas y grandes reuniones sociales.

Un avistamiento sacó a René de sus recuerdos. A lo lejos divisó un pie que sobresalía del lodo, se acercó y solo encontró una pierna cercenada desde el tronco. Era de un niño. Pensó en su prima Eliana, pues ella decidió arrancar aquel día del tsunami a pie hacia los cerros, con sus tres niños y su madre. René no pudo convencerla para que se subieran a la lancha, pues le tenía miedo navegar. Eliana decidió marcharse con sus tres hijos y su madre hacia los cerros, que quedaban muy distantes del pueblo, y a la mitad del trayecto la sorprendió la primera ola del tsunami. Su instinto la hizo aferrarse fuertemente a un árbol, puso a Quito, su bebé de menos de un año, entre sus pechos y, aferrada al árbol, con los otros dos niños, los gemelos, fuertemente sostenidos en cada una de sus manos, pero la fuerza del mar se los arrebató en segundos. Eliana no pudo con la fuerza de la naturaleza, la fuerza del agua la dejó literalmente pegada al árbol con su hijo bebé. Ellos estaban a salvo, pero irreversiblemente, a sus gemelos se lo llevó la fuerza de la naturaleza. Junto a su madre, René subió la pierna del niño encontrado, pensó en que le avisaría a Cominillo, esposo de Eliana, a la brevedad.

Aquella experiencia de su prima le reafirmaba a René en que su decisión de huir por mar de aquel puerto en lancha había sido la más acertada. Pensaba que sin duda su dotación, compuesta en su gran mayoría por mujeres, niños y hombres de edad, habría corrido la misma suerte y tal vez hubieran estado lamentado 90 fallecidos más (la gran mayoría de los fallecidos fueron sorprendidos arrancando hacia los cerros a pie). Al poco andar ya el sol se estaba poniendo, aún había claridad y René comienza el retorno. Giró el bote 180 grados para hacer conexión con el río principal, la visión era diferente ahora. Mientras tanto, Augusto, muy amigo de René y que navegaba el mismo río, había hecho un descubrimiento inesperado. Pensó: «Le diré a René que la rescate, está por acá cerca. Creo que a él le corresponde, es lo mejor». Se cruzaron con René, conversaron de cómo les había ido en la búsqueda y luego Augusto le dijo: «René, ahí sobre ese árbol hay un cadáver, favor, ¿lo puedes llevar tú?, yo ya llevo dos y este bote no creo que sea capaz de llevarlo». «Tranquilo, Augusto, yo me lo llevo», respondió este último, se despidieron y René enfiló hacia el punto indicado. Al poco andar vio el cadáver arriba de un frondoso árbol. Su primer impacto fue verla tan elegantemente vestida y sin señales de avería. Llevó el bote a la costa, se bajó y se aproximó a su avistamiento, se preguntó quién sería, pues no la reconoció como una vecina desaparecida. Acercó el bote, caminó hacia la víctima que, efectivamente, era una mujer, se bajó de la embarcación, sorprendido de lo elegantemente bien vestida que estaba, pues aquel día era un día cualquiera, no se prestaba para estar vestida de esa forma. Ató una cuerda por los pies y la deslizó suavemente por una rama de gran follaje. El cadáver bajo suavemente desde su posición y cayó en los fuertes brazos de René. En el momento en que la miró a la cara, exclamó: «¡Mierda, Dios mío!». La sorpresa casi hizo que la botara al suelo. Pensó que estaba delirando, tanto estrés de días pasados tal vez le estaba pasando la cuenta y se tocaba la cara. «¿Qué haces acá, cómo llegaste?». Pensó. ¡Era Ida, su esposa! La sorpresa y el impacto eran casi incontrolables e inexplicables para él, el *shock* lo tenía descontrolado y pensó que estaba delirando. Tal vez el estrés vivido durante esos días lo estaba, probablemente, haciendo ver alucinaciones. Delirando, corría de un lado para otro, lloraba, se reía, se tomaba la cara mientras Augusto lo observaba desde cerca, hasta que se acercó a él y lo calmó.

Le dijo que sí, que era ella. «Ya la había visto y esto me parece un milagro de Ida. Tranquilo, amigo», le dijo antes de marcharse (eran amigos y vecinos). Esta confirmación de su amigo hizo que René entrara más en cordura... A Ida, su esposa, la fuerza del tsunami la arrancó, al igual que a todas las osamentas, del cementerio y la llevo allí sin ningún daño. Ida, increíblemente, estaba intacta, solo le faltaban algunos botones y no tenía signos de descomposición, tal vez porque el cementerio del pueblo donde fue sepultada estaba cerca del mar, lugar de mucha salinidad.

Recuerda Patricio que, el día de su funeral, Ida la llevaban por las calles del pueblo en un lindo ataúd, le gustaba el ataúd para su madre, lo encontraba muy elegante. Antes de enterrarla pusieron el hermoso ataúd dentro de otro ataúd rústico de gruesos tablones y para él muy feo. No le gustaba para Ida y no sabía por qué su papá hizo aquello. Se molestó y después taparon el rústico baúl con más tablones. Eso le molestó más. No sabía por qué René hizo ese segundo ataúd, cosa inusual, y tan rústico, tal vez ahora ese ataúd rústico y grueso navegó en la cresta de la ola he hizo que el tsunami solo descargara su furia con ambos ataúdes, lo que permitió al cuerpo llegar en buenas condiciones intacta y la ola la poso en aquella frondosa rama de aquel árbol.

René se acercó a ella, la revisó y la acarició. Pensaba que era un milagro de Dios... No sabía cuánto tiempo estuvo allí, le contaba que gracias a la promesa que le había implorado de no salir a la mar, ese zarpe del día 22 con todas las embarcaciones a la faena de alta mar, le significó que lo dejara a él como único joven adulto maduro, con 35 años de edad, para poder tomar el control de la evacuación y el rescate de los sobrevivientes y tomar decisiones, puesto que él era uno de los que más sabía de mar y navegación. «Mi amor, tu petición fue un milagro y también cumplí la promesa que te hice antes de fallecer de cuidar a nuestros hijos. Ellos están sanitos y a salvo en tu finca, mi amor. También tu madre, tu hermana y tus amigas», le decía.

Después, ya casi de noche, llegó la hora de regresar. René tomó en sus brazos a su difunta esposa. Aún sin recuperarse, se seguía preguntando si era una pesadilla o estaba delirando... Se hacía muchas preguntas. Antes de subirla al bote cortó muchas ramas y le hizo una especie de cama. Una vez que la subió al bote, lo hizo con mucha delicadeza, la puso en la popa y él bogaba a proa con la vista hacia la popa, en donde estaba Ida. Después de unos minutos bogando y de las preguntas que se hacía, se calmó un poco. Bogó por un rato en silencio y luego recordó el día en que se conocieron.

El romance

En un pueblo tan chico todos se conocen. Ida, con 16 años muy bien desarrollada, se había convertido de niña en una hermosa joven, femenina y que irradiaba sensualidad. Ella miraba a René con ojos ya de mujer y René también. Habían tenido encuentros, pero lejanos, especialmente en la cancha de fútbol cuando había competencias, o cruces de miradas cuando paseaba con sus amigas. A veces se veían y se miraban, ella con cierta timidez, e intercambiaban algunas palabras. Un día se cruzaron en una arenosa calle del pueblo, se saludaron, ella esbozó un «hola», René le preguntó que a dónde iba, ella respondió que a comprar al negocio de la esquina y René le solicitó: ¿Te puedo acompañar? Ella respondió con un está bien, hablaron poco, pero este acercamiento fue especial. Se miraron a los ojos y esbozaron algunas sonrisas algo tímidas. René, con más experiencias románticas, también se retrajo, pero allí de ese primer encuentro surgió algo y un escalofrío recorrió sus espaldas.

Un día, René se atrevió a llevarle una rosa roja a Ida. Sabía que la encontraría a esa hora sentada a la puerta de su casa. Al llegar, ella lo miró sorprendida, René se paró con mucho aplomo y le dijo: «Te traje esta rosa, espero que te guste». «Me encantan, las rosas rojas son mis favoritas, me encantan», exclamó ella con alegría. René quedó hipnotizado con su figura y su sonrisa de gruesos labios, después, un poco avergonzada se dio la vuelta y, corriendo, se entró en casa. René le gritó: «¡Y tú también me encantas!».

René, todo un hombre de 18 años, de muchas experiencias románticas, de trabajo y de esfuerzo, que gracias a su trabajo le había comprado a su madre, ya bastante deteriorada de salud, la casa digna y prometida, pero su pasión y su corazón era para la señorita Ida, ella era su obsesión.

La gran fiesta

El pueblo, una vez más, cada 20 de febrero tenía su fiesta, la celebración de la Virgen de Lourdes. La diferencia con otras celebraciones es que por primera vez habría luz eléctrica de un generador que se pensaba llevar, músicos y, por supuesto, el baile, todo esto en el salón del colegio. René estaba, al igual que todos los jóvenes, ansioso y emocionado por el baile. Era un gran acontecimiento para el pueblo, especialmente por la luz eléctrica, que pocos conocían. Todos estaban revolucionados y ansiosos por lo que se venía, era la primera vez que se viviría algo así. Días antes, René se acercó a Ida con bastante aplomo, sin timidez, ella se encontraba con unas amigas en la playa, René se puso frente a ella y la miró a los ojos por unos segundos. Ida, bastante nerviosa, le esquivó la mirada por un rato. Luego René le dijo que quería hablar con ella y a solas. Ella asintió, se alejaron del grupo y luego se detuvieron, se miraron a los ojos, Ida desvió la mirada nuevamente y René fue directo: «Siempre me has gustado y creo que yo también te gusto», le dijo. Ida esbozó una sonrisa, pero no dijo nada, esa sonrisa que cautivaba a René, después de un silencio, le hablo suave « quiero invitarte a que seas mi pareja en el baile», le dijo él. Ella levanto la vista le sonrió y le salió un sí de alma. «Sí, René, acepto», dijo y corrió como avergonzada donde sus amigas que, por supuesto, sabían de qué se trataba y le preguntaron: «¿Te invitó?». Ella dijo que sí y las amigas la felicitaron.

Lamentablemente para René, dos días después fallecería su madre. Elisa ya estaba grave, fue un duro golpe de dolor para René, porque su familia eran dos, su madre y él, con ella se le iba la mitad de su vida. Le dio digna sepultura el día 12 de febrero, a ocho días de la gran fiesta.

El día 20 de febrero, a diez días del fallecimiento de su madre, aquella noche la escuela estaba repleta de gente de todas las edades. Todos estaban alucinados por lo que consideraban un espectáculo nunca visto. René, muy bien vestido para la ocasión, viviendo su duelo, veía con tristeza a la gente bailar. Lamentablemente, él no lo podía hacer, había fallecido su madre solo hacía diez días y veía con sentimiento de pena ver a su invitada vestida para la ocasión, más linda que nunca y sin poder sacarla a bailar. Su duelo era fuerte, tan fuerte como las ganas de bailar con ella. Su ex profesora, Angela, a la que René respetaba y quería mucho, lo mismo que ella lo quería como a un hijo, lo observaba desde hacía rato. Después de un rato se acercó a René y le dijo: «Ven, René, bailemos». René, con la cara desencajada, la miró como preguntándole «¿cómo?, ¡estoy de duelo!», pero su ex profesora, una mujer muy creyente, de misas todos los domingos y con René de acólito, le dijo: «Tranquilo, bailemos, no pasa nada, tu madre estará feliz de que lo hagas, tú hiciste mucho por ella y te lo mereces». Poco había avanzado el baile cuando su ex profesora le dijo: «Ahora ve a sacarla a bailar a ella, hazlo por tu madre, por ti y tu invitada». Angela terminó su frase con una caricia en el rostro. «Ve, ve a bailar, hijo», le insistió, «no pasa nada si es con respeto a Dios, hazlo por tu madre». Solo pasaron unos segundos de hablar con la profesora cuando René le pidió a Ida amablemente si la podía acompañar a bailar. Después del aquel consejo de Angela, su ex maestra, no pararon de bailar, reír y mirarse con coquetería toda la velada. Terminada la fiesta se fueron a la playa, encontraron un lugar donde podían estar solos y después de un rato de conversar se dieron el primer beso y esos besos se repitieron hasta que amaneció. Esas citas en aquel lugar al que consideraban suyo se repitieron muchas veces, dejándose llevar por el amor, la pasión y el deseo que ambos sentían.

Desde aquel día no se separaron más. Ida, con 17 años, y René, con 19, se sentían enamorados y solo querían estar juntos. René se había ganado una concesión para abastecer a las grandes tiendas de Maullín. El recorrido era desde un puerto cercano a Puerto Montt (Puerto Toledo) a Maullín, navegando más de dos horas por el río Maullín, lo cual solo les permitía poder verse los fines de semana. Ida, con el deseo de estar juntos, se trasladó a la casa de su abuela, que vivía en la ribera de aquel río, y René, cada vez que pasaba frente a la casa de la abuela, tocaba la bocina e Ida salía corriendo con el almuerzo y una cesta con fruta a recibir a su amado. Allí había un pequeño muelle (un par de tablas),en el que René se bajaba y se alejaban juntos. Tenían un claro en el bosque en donde el follaje les daba intimidad y nadie los podía ver, almorzaban y después se dejaban llevar por el amor y la pasión que ambos sentían, mientras la tripulación de la embarcación también hacían de lo suyo, asaban carnes a la brasa mientras Luciano sacaba una jarra de ron o coñac de los barriles de 200 litros, haciéndole cuidadosamente un hoyo al barril de madera que después tapaban con un tapón de madero bien elaborado y sin dejar rastro. Muchas veces, cuando René regresaba a la lancha de la mano de Ida, se daba cuenta de que sus tripulantes estaban más alegres y coloraditos de la cuenta. René solo se reía, pues él también estaba feliz y coloradito.

Después de dos meses, Ida tuvo que regresar a su pueblo, a Quenuir, mientras René seguía en lo suyo, ahora con dos lanchas de mayor capacidad. Cuando regresaba a puerto, Ida ya conocía el ruido del motor y apenas lo sentía, su corazón parecía que le iba a estallar, se cambiaba de ropa, se arreglaba el cabello y se iba al muelle a esperar a su amado. Por su parte, René también venía ansioso de ver a su amada, la divisaba desde lejos y al recalar saltaba al muelle y se iban raudos a la casa de René. En una de esas recaladas al puerto, ya tarde, casi noche, René, en la casa que le había comprado a su madre, abrió una botella de un buen vino que tenía guardada para una ocasión especial y, después de comer, René puso un disco en una victrola recién comprada. La música empezó a sonar y bailaron la primera canción que habían bailado la primera vez en aquella fiesta. Ambos se sentían enamorados, a René le gustaba todo de Ida, pero especialmente le encantaba su buen sentido del humor. Fue una noche mágica, terminado el baile, René le pidió matrimonio a su amada. Ida respondió con un sí rotundo, se abrazaron, se besaron apasionadamente, brindaron y después cerraron la puerta con pestillo.

Mientras René seguía bogando como un autómata, sumergido en sus pensamientos, dirigía la embarcación hacia el cementerio provisorio. Hacía ratos que René no podía ver el rostro de Ida, se había hecho de noche, noche oscura y con fuerte viento. Él era un bogador desde chico, así es que aceleró su andar y pronto pudo divisar lo que podría ser el puerto. Efectivamente, lo era, varó el bote, puso el ancla y luego se acercó al cuerpo de Ida, la cargó, subió con mucha dificultad la subida resbaladiza por las lluvias, dejo a Ida suavemente en el césped y luego bajó al bote nuevamente y cogió un remo. Con eso y la ayuda de otros palos, cavó una pequeña tumba de no más de 30 cm. de profundidad, Ahí la puso, se despojó de un saco que llevaba puesto, le cubrió la cara, tal vez para no ensuciarla, y con lo que sobró cubrió parte de su vestido. Luego cortó más ramas del bosque para cubrir la otra parte que quedaba descubierto del vestido porque no quería ensuciarla, después puso tierra para cubrirla completamente, cubrió bien la pequeña tumba para protegerla de algún animal carroñero Y finalmente clavó una rama grande para después poder ubicarla, se despidió de ella muy ceremonioso y le dijo: «Nos vemos mañana, mi amor».

Ya muy entrada la noche, iba solo de regreso. Costaba orientarse por la oscuridad y la incesante lluvia. Después de salir a campo abierto, René recordó que no hacía más de cuatro meses que su mujer había fallecido y ahora le correspondería darle sepultura por segunda vez. Había fallecido de forma lamentable e inesperada, porque era una mujer llena de salud, joven, simpática, muy alegre y de buen sentido del humor. Días antes había recibido la noticia de que recibiría visitas, entre las cuales estaba Angela, la ex dueña de casa y madrina de casamiento, ya recuperada de su salud. Ante la noticia se alegró y se emocionó por la llegada de sus amigos; se dispuso con su gente a ordenar la casa, aunque estaba limpia, pero Ida era exigente con el aseo y quería que todo brillara. Se subió a una silla con cuatro meses de embarazada a sacar unas cortinas para lavarlas, se cayó y, como consecuencia, perdió al bebé y, posteriormente, sufrió una septicemia mal tratada que resultó fatal. René recordaba las muestras de cariño de casi todo el pueblo, Ida había sido muy querida por la gente de aquel lugar por su sencillez, su simpatía, su alegría y la belleza que irradiaba siempre. La casa y las calles estaban llenas de gente para darle la despedida y también llegó gente de muchos lugares.

Antes de llevarla al cementerio y cerrar la urna, René pidió a sus hijos que despidieran a su madre con un beso, él también lo hizo y le puso una rosa roja en su pecho, una de las flores que tanto le encantaban a ella y que tantas veces le regaló. Había sido su primer regalo y también el último.

Después de casi 30 minutos de caminar, divisó la casa de campo, vio luces y pensó que estaban despiertos. Efectivamente, estaban todos en el fogón que queda contiguo a la casa, que era el punto de reunión de todas las familias que allí habitaban. Estaban todos, incluso las familias que estaban construyendo sus improvisadas casas a unos 50 metros de la de René. Alrededor de una gran fogata estaban todos preocupados porque René no llegaba y le tenían preparada una abundante comida de carne al jugo de vacuno.

La familia que ahora eran todos los que vivían en la finca lo estaban esperando hacía rato y con mucha preocupación por su tardanza. Todos ellos estaban muy susceptibles, pensando que en cualquier momento ocurriera otra desgracia. Algunos decían que en el mar nada le iba a pasar, otro decía que ese bote en que anda está muy maltrecho y tal vez se le hundió por allá abajo y debe venir caminando. Hubo discusiones fuertes, los más negativos decían que se cayó en esas aberturas de la tierra que tienen cientos de metros de profundidad (la tierra se abrió y dejó tremendas grietas con la fuerza del terremoto). Pero la discusión que más se daba era que había que ir a buscarlo, a lo que otros respondían: «¿Pero, adónde?». Todas estas discusiones y comentarios hacían que el ambiente se volviera más pesado y la preocupación y el miedo crecieran, especialmente en los niños y mujeres, en especial en sus hijos el temor iba en aumento, hasta que apareció Juana con una olla vacía y la golpeó fuertemente con un palo. «Basta, dejen de hablar tonterías, con eso no se hace más que llamar a la desgracia. René pronto llegará». Todos guardaron silencio. La verdad era que el trauma psicológico no tratado era muy grande en todos y las susceptibilidades estaban a flor de piel. Al poco rato empezaron a ladrar los perros y todos se pararon. «¡Es René!», exclamó alguien. Tita y Ciro salieron corriendo a ver, seguidos por todos, y claro, era él, feliz de haber llegado, como también los amigos y familiares al verlo llegar sanito.

René se abrazó con todos, se acercó a la hoguera para calentarse y acercar sus entumidas manos al fuego para calentarlas. Después apareció Juana con ropa seca, se la pasó y le dijo: «Ve a cambiarte, anda, hijito, que con esa ropa mojada te puedes resfriar». Una vez de regreso al fogón, ya bien abrigado, todos los comensales estaban ansiosos por saber de su aventura, de su salida al mar aquel día. En una mesa que había en el fogón le pusieron su plato de comida y las preguntas iban y venían. René, después de contestar algunas preguntas, les pidió: «Favor, déjenme comer, tengo mucha hambre y de ahí les cuento todo». Se comió otro plato y todos estaban impacientes para que René contara su travesía del día.

«Bueno», dijo René rodeado por todos. «Fui al río de las Lajas, donde solo encontré una pierna de un niño, tal vez de uno de los gemelos de Eliana. La búsqueda era casi imposible, el lodo que se formó no dejaba ver con claridad. Después retorné al río principal y antes de salir me encontré con Augusto, que me informó de que había divisado una mujer arriba de un árbol, pero que él no la podría llevar, pues su bote estaba en muy malas condiciones y ya llevaba dos cadáveres. Le dije que no se preocupase, que yo me la llevaba. Me acerqué y, efectivamente, divisé a una mujer sobre un árbol. No la reconocí como una señora del pueblo por su vestimenta. El mar la había dejado en una frondosa rama y, al acercarme y verla, fue lo más impactante. Nunca pensé que esto podría ocurrirle a alguien, no van a adivinar quién era». «¿Quién?», preguntaron todos. La cara de René cambió y sus ojos se humedecieron: «¡Era Ida, mi mujer!. El mar la sacó de su tumba y la fue a dejar allí, arriba de un árbol, casi sin ningún rasguño».

Todos pusieron un gesto de incredulidad. Patricio preguntó con voz emocionada y con inocencia: «¿Y por qué no la trajiste, estaba viva?». Deseando una respuesta afirmativa, René le respondió: «No, mi amor» y Juana tomó a Patricio, lo abrazó y le dio consuelo. Juanuco comentó: «Con razón vi tantas osamentas en el mar». «Yo también», exclamó Horacio, que pensaba: «¿Cómo es posible que las aves carroñeras se las hubieran comido en tan poco tiempo. Entonces supieron que esas osamentas eran del cementerio. La fuerza del tsunami sacó a todos los muertos que estaban enterrados casi a dos metros de profundidad y el terreno arenoso le hizo más fácil la tarea al tsunami. La noche continuó en temas varios, pero especialmente en torno a Ida. Mañana le daremos una sepultura como ella se merece, exclamó Juana. Llima dijo: «Mañana, Horacio y yo haremos la urna». «Bueno, muchachos, hay que dormir», exclamó Juana. Ya estaba bien avanzada la noche y los niños ya están durmiendo.

Llima, que animaba siempre a la gente y que siempre les sacaba una sonrisa con sus bromas, a pesar de la desgracia, comentó las brasas estaban buenas para hacer unas carnes y René lo apoyó: «¡Pongamos unas carnes!». Se pusieron las carnes en las brasas del vacuno recién carneado, Horacio se hizo cargo del asado y el inquilino abrió una garrafa de sidra de manzana de 15 litros que tenía guardada. Después de tanta desgracia, era el primer desahogo que tenían. Hubo anécdotas, risas, penas y lágrimas en la conversación, Francisco le preguntó a René: «Don René, ¿cómo supo que después del terremoto habría un maremoto?, no había habido un tsunami en Chile en la era moderna». Nadie sabía de eso ni de tsunamis en la zona sur del país, tampoco es zona sísmica. Además, el aislamiento físico, geográfico y de comunicaciones era un factor de desconocimiento y de desconexión con el mundo más civilizado, no había más de cinco radiorreceptores en el pueblo.

René guardó silencio, todos estaban expectantes a que René empezara a hablar y, luego de una pausa, se explayó: «Esta historia no se la he contado a nadie», exclamó. «Pensaba que me tratarían de loco, pues resulta que después de enviudar, mis amigos de Maullín, entre ellos Eduardo Essedin y Nabih Soza, junto a su hermano y otros amigos, me invitaron a una comida de respaldo a mi persona por la pérdida de mi mujer. Fue una comida bien abundante, bien regada y con muestras de mucho cariño. Fue una velada de buena conversación, se conversó de todo y el ambiente estuvo bien distendido. Escuchábamos una radio AM recién salida al mercado, que en algún momento dio un extra. Se trataba de que en una isla del Pacífico, no estoy seguro ni recuerdo cuál, había habido un terremoto con un maremoto muy grande y que se calculaba que incluso podrían llegar algunas subidas de mar a las costas de Chile. Durante lo que siguió de la noche se habló de eso, de cómo sería si acá ocurriera algo así; todos opinaban y cada cual tenía su teoría. Afortunadamente para lo sucedido, la argumentación que tenía más adherentes, sin ser exacta, era que si había un terremoto también habría un maremoto.

Se hizo tarde, no me dejaban regresar, había bastante noche decían y harto que beber, a eso de las tres de la mañana se finalizo la velada, me dirigí al muelle ya no había nadie en las calles, todo Maullín dormía, llegando al muelle vi que mi lancha (la única comunicación entre Quenuir y Maullín era por mar), estaba a la altura del muelle, no lo podía creer, tantos años en ese muelle y nunca había visto algo así, que el mar superara la altura del muelle y menos que mi lancha estuviera casi flotando sobre este, había bebido, pero nunca pensé que era para tanto, como pude la saque del muelle, me subí y rápidamente solté amarras, inmediatamente la corriente me llevo rio arriba, puse en marcha el motor y arranque con dirección a Quenuir, no sabía si era la borrachera o era lo que habíamos escuchado del Tsunami, pero no avanzaba nada estaba donde mismo, pasaron unos minutos y la corriente cambio a mi favor y la lancha corrió como a 40 nudos, pase por Maullín en minutos "hubo algunas carcajadas" creo que no me demore más de 10 minutos en llegar a Quenuir, en donde la marea también estaba más alta de lo normal, atraque mi lancha se me paso la borrachera y me fui a dormir, no pude conciliar el sueño, pensaba que en cualquier momento podría llega el maremoto a Quenuir y todos dormían. Después me tranquilice, hubo un pequeño maremoto y nadie lo supo, todos dormían, argumento René.

Alrededor del fuego, comiendo carne y bebiendo sidra, todos escuchaban en silencio a René. «En todo caso», decía, «eso debió haber sido una pequeña subida del mar que llegó a nuestras costas. Al día siguiente fui al muelle, donde estaban algunos trabajando en sus embarcaciones, para saber su opinión sobre lo sucedido y nadie comentó nada. Volví ir a Maullín para saber de lo ocurrido y lo mismo: nadie sabía nada, solo algunos comentaron que «la marea, anoche, estuvo alta y que algunas embarcaciones se habían varado», nada más... Nunca comenté con nadie lo que me había ocurrido esa noche, no quería que me trataran de loco (risas), es decir, hubo un pequeño maremoto y nadie lo supo, ya que todos dormían. Creo que solo yo lo supe».

«Bueno», comentó Juana, «a ti no más te pasan esas cosas, a quién se le ocurre andar a esas horas de la noche, pero gracias a Dios», argumentó inmediatamente, y a lo que te ocurrió, pudiste saber que el mar se nos vendría», terminó Juana persignándose. Fue el primer momento después de tantas penurias pasadas que tuvieron para disfrutar. Ya no quedaba ni carne ni sidra y todos se fueron a dormir.

Al día siguiente se escuchaban los martillazos de Llima y Horacio haciendo una rústica urna, mientras el resto de la gente de las seis familias que vivían allí se empezó a poner en pie. Había que ir al funeral de Ida, René sugirió que aquellas personas con discapacidad que se abstengan de ir puesto que la caminata sería larga y el camino no se encuentra en buenas condiciones, en todo caso es decisión de ustedes. Se desayunó y comenzaron los preparativos. Las señoras solo las que pudieron ir, iban con un poco más de ropa, con lo que había y ropa prestada de los que se quedaron en casa, por problemas de movilidad, igual que los señores y los niños. Partió la comitiva algunos con calzados regalados y otros con los «zapatos» artesanales que hacían su debut.

Iban al funeral de Ida, la gran mayoría eran amigos y parientes. Su hermana, primas, tías y amigos que componían el pequeño campamento, mientras Guillermo, dueño de casa, con ayuda de Raúl, enyugaba los bueyes y enganchaba la carreta. René se dirigió al jardín y al rato volvió con una rosa roja. Luego comenzó la caravana a avanzar hacia el improvisado cementerio. La caminata duraría unos 40 minutos, puesto que el camino estaba mojado e iban niños y señoras de edad. En la carreta llevaban la pesada urna, hecha de rústicos, gruesos y mojados tablones, y sobre esta, algunas señoras y niños. En el camino se les unieron las otras familias llevando a sus deudos, que velaron la noche anterior, también en carretas arrastradas con bueyes y que iban a dar sepultura a los cuerpos de sus familiares, encontrados los días anteriores por otros botes. Las docenas de carretas cargaban a deudos y flores, gente rezando, llorando y cantando cantos religiosos, mientras las demás personas de otras casas que iban al ceremonial se fueron enterando del hallazgo de Ida y todo era incredulidad.

Al llegar al lugar, René ubicó inmediatamente el sector donde estaba Ida por la rama de señal que él había puesto. Se empezó a quitar la tierra y luego las ramas. Las mujeres y los hombres, expectantes, con algunos todavía incrédulos, que más bien pensaban que era una confusión de René o un delirio, lo vieron descubrir parte del cuerpo inferior y tomar una rama para limpiarle la ropa, sacándole la tierra que él había puesto. Una vez que empezó a aparecer su vestido, con algunas huellas del maremoto, alguien exclamó: «¡Dios mío, es ella!». Reconocieron inmediatamente su vestimenta, pues claro, ellas mismas la habían vestido. Luego, René quitó la camisa que cubría su cara y apareció el rostro de Ida y la otra parte del vestido. «¡Es Ida!», exclamaban algunos y sus hijos se quisieron ir sobre ella, pero los contuvieron. Muchos lloraban, ya que Ida nuevamente estaba allí, con ellos. «!Es increíble, es ella!», exclamaban las mujeres llorando. Su rostro estaba igual, reconocible. Las tías y amigas que la vistieron aquel día de su funeral le revisaron cada detalle. Llevaba sus aros, que no se lo arrancó el mar, y también una pulsera. Este ritual de las mujeres duró varios minutos.

Algunos no lo podían creer. Era un traje de dos piezas de color verde, muy elegante, el único vestido que había así en el pueblo. Nadie había vivido una experiencia así y pensaban que era un milagro de Dios. «Ella nos vino a visitar», decían.

Se le hizo una improvisada tarima de maderos que encontraron por las cercanías y luego se les rezó a todos los fallecidos. También hubo cánticos religiosos, mientras una decena de hombres cavaban con lágrimas en los ojos las tumbas de sus parientes o amigos. Después, a Ida se la puso en su urna y, antes de cerrarla, René solicitó que cada hijo le tirara un beso, luego él, que ya tenía la rosa en sus manos, se la puso en su pecho como la primera vez. Era la segunda ocasión que le tocaba hacer este ritual. Luego vino el entierro, la parte más triste. Una vez más despedían a Ida y se dejaron muchas flores. Finalmente, la pequeña caravana regresó, cada cual a sus casas prestadas.

El retorno se hizo a cada minuto más pesado por el cansancio y, especialmente, por las heridas en los pies y las contusiones que algunas personas tenían. La conversación era variada y en eso, sorpresivamente, se sintieron en el cielo ruidos que parecieron un nuevo terremoto. Aunque estaban acostumbrados a las réplicas, este sonido era lo más parecido a los del terremoto mayor y el temor y el miedo les invadió a todos. Afortunadamente no era ningún terremoto, eran aviones que pasaban sobre sus cabezas. Del miedo se pasó a la alegría. ¡Llegó la ayuda! los aviones buscaron un claro para dejar caer su carga, en la que venían remedios, alimentos, ropa de cama, calzados, vestuario, juguetes... para todos y para todas las edades. Los aviones pasaban una o dos veces al día. Esta era la única forma en que podía llegar la ayuda, puesto que en ese sector, por su geografía, no había otra manera de acercarse al lugar, a no ser que fuera por el mar, pero gran parte de la flota del sector había terminado destruida.

Los sobrevivientes siempre han estado muy agradecidos a la ayuda humanitaria más grande que se había visto hasta ese momento, porque la humanidad quedó impactada con la tragedia en el sur de Chile. La ayuda llegó de todo el mundo, especialmente de USA. Por primera vez se vieron helicópteros, especialmente norteamericanos, y en una de esas expediciones Patricio hizo contacto visual con el piloto americano del helicóptero, que se veía imponente en la altura de su puesto de mando. Este se lo quedó mirando y lo llamó, pero Patricio dudó si era a él a quien llamaba, puesto que estaba compartiendo con varios amiguitos. Después de unos segundos se decidió y fue hacia él, lo invitó a subir a bordo y el niño Patricio quedó impactado con lo que veían sus ojos. Lo dejó ver y tocar los instrumentos, tiernamente le acarició la cabeza y le regaló un chocolate.

John volvería una y otra vez al sector en donde se estaba construyendo la nueva población, con más chocolate y chicles que regalaba a los niños, (el helicóptero llevaba ayuda médica especialmente vacunas). Patricio tomó confianza y subía a saludarlo cada vez que llegaba al pueblo. En una de esas ocasiones, Patricio se atrevió a pedirle cigarrillos, John lo miró sorprendido, Patricio se dio cuenta y, avergonzado, bajó la mirada. Le aclaró: «Yo, no», y John comprendió, sacó dos cajetillas y se las dio. Patricio salió con los cigarrillos en la mano y sus chocolates, diciéndoles a sus amiguitos que aquel piloto «es mi amigo, se llama John». Así lo consideraba él y se pavoneaba de eso.

Mientras tanto, René vio a su hijo con cajetillas de cigarros en la mano, se acercó sigilosamente por detrás y se los arrebató. «¿Qué significa esto?», le preguntó, y Patricio le respondió que eran para su tía Juana. René se lo quedó mirando y sonrió, pero le requisó una. Después del tsunami y del fallecimiento de Ida había vuelto a fumar.

La ayuda humanitaria continuó sin cesar, ahora ya en forma normal por mar. René fue designado juez e inspector de Distrito. Ambos cargos eran a honores; como juez tenía que mediar ante cualquier conflicto, ayudando a las partes a llegar a un acuerdo, y en el cargo de inspector debía controlar la buena y justa entrega de las donaciones y supervisar las obras que se estaban realizando. Entre otras cosas, los hijos de René vieron piezas de los galpones llenos de ropa y juguetes, pero solo podían tomarlos, porque René no los dejaba escoger nada, no quería ser cuestionado. También había muchos alimentos y otros tipos de ayuda que, cada día, a las 11 de la mañana, se repartía entre la gente.

Los «vecinos de René», los amigos y parientes, seguían en la construcción de sus casas de emergencia con residuos encontrados en el mar. Estaban ubicadas a unos pocos metros de la casa principal y ya a los tres meses estaban listas. Aunque todavía precarias, así se acabó el hacinamiento y los contagios de enfermedades por el duro frío. También se logró la privacidad de cada familia. Fueron alhajadas con la ayuda humanitaria, que no cesaba de llegar: tenían camas, frazadas y víveres para comer. Los niños eran felices, pues con la inocencia no dimensionaban el sufrimiento de sus padres. Jugaban todo el día en el bosque a diferentes juegos que inventaban, hicieron con idea de Ciro una represa del riachuelo que corría por el campo en donde se bañaban y los más grandes se internaban en el bosque con las niñas y otros a chismear las intimidades de los mayores con sus novias o esposas, eran felices, sin nada que les preocupara.

Reconstrucción

Empezó la construcción del pueblo de Quenuir, ahora emplazado a unos dos kilómetros río arriba y con un nivel de mayor altura sobre el mar. Este nuevo emplazamiento no estuvo exento de polémicas, pues las autoridades provinciales y comunales habían decidido reconstruir el pueblo de Quenuir en la localidad de Maullín, en un sector llamado Ten Ten, lejos de la costa, lo que encontró la férrea oposición de los dirigentes de la reconstrucción de Quenuir. Ante la persistencia de las autoridades, los dirigentes hicieron un cabildo con todos los sobrevivientes y la totalidad de ellos se opuso a tal medida. Ellos tenían identidad propia, eran gente de mar y no estaban dispuestos a ser desplazados a otro lugar. Se decidió crear una comisión que viajara a Puerto Montt, ciudad del Gobierno provincial, para reunirse con las máximas autoridades. El grupo estaba compuesto por Américo Toledo, René Serón, Augusto Miranda y Vicente Carcamo. La reunión empezó mal, pues las autoridades estaban decididas a realizar lo planificado. El intendente provincial (primera autoridad de la región) argumentó que la decisión estaba tomada y que no había más recursos para comprar terrenos en un nuevo emplazamiento. René replicó que rechazaban la propuesta. «Somos hombres de mar y nos gusta vivir cerca de la costa, cerca de nuestras embarcaciones, cerca de nuestra fuente de trabajo y, si es un problema la compra de terreno, aquí tenemos a don Vicente Carcamo, que donó alrededor de 5 hectáreas para la reconstrucción». El intendente guardó silencio, luego golpeó la mesa y dijo: «Eso lo cambia todo, se reconstruirá en aquel emplazamiento». Hubo risas y abrazos: el pueblo se reconstruiría donde los pobladores así lo habían decidido.

A los pocos días empezaron las faenas. Se construyeron casas de buen nivel para lo que había, con calles bien ordenadas. René, al igual que otros, renuncio a su derecho de recibir casa para dar la oportunidad a otra familia. Él se construyó la suya. En el nuevo pueblo se construyeron 30 casas, un modelo de Retén para Carabineros, una linda escuela, con una gran inauguración, en los primeros días de septiembre de 1961, por las autoridades provinciales junto al presidente de la junta de vecinos, el inspector de Distrito y todos los vecinos.

El gran timonel

René no solo fue el gran timonel de la *Estrella de mar* y de todas las embarcaciones que timoneó, también lo fue durante toda su vida, que dedicó por vocación al servicio público, al crecimiento y al bienestar de su pueblo. Fue el timonel de la creación de muchas agrupaciones y obras, como en su juventud fue el creador y presidente del club deportivo Juventud, fundador de la brigada Piloto Pardo, las construcciones de muelles, la sede social, la iglesia, la primera embarcación de buceo del pueblo, aquella que cambió la suerte de sus habitantes. También fue inspector y juez de Distrito, además de presidente por muchos años de la junta de vecinos, entre otros cargos. Pero especialmente fue uno de los fundadores del pueblo, estando a la cabeza como inspector de Distrito y vicepresidente de la junta de vecinos. Todo esto, por supuesto, con la ayuda, el esfuerzo, el trabajo y el tesón de toda una población unida. El compromiso de cada uno de sus habitantes fue ejemplar, de gente buena, de buenos vecinos y de buenos amigos. Cada obra que se realizó se hizo con alegría. Aquellos tiempos se recuerdan cantando y haciendo muchas bromas entre hombres y mujeres que estaban hambrientos por trabajar, renacer y darle resplandor, luz y brillo a su nuevo pueblo.

Una vez entregadas las obras, los propios habitantes, junto al presidente de la junta de vecinos, construyeron la iglesia, el cementerio definitivo, el muelle y la sede social.

Se recuerda la construcción del muelle. Los hombres se internaban en el bosque con bueyes a cortar maderas nobles para los pilares, luego hacían las bases a machete y hachas, mientras que las vigas que servirían para el entablado del muelle las cortaban con sierras manuales, operadas por dos personas. Esta construcción tenía un simbolismo muy especial para aquella gente, puesto que todos anhelaban y soñaban con volver pronto a trabajar en el mar. Como la construcción del muelle, así también se construyó la sede social, la iglesia y se cercó lo que sería el cementerio del pueblo.

Los banqueros llamaron a los que perdieron sus embarcaciones y les facilitaron el préstamo para comprar todo lo necesario para que volviesen a la mar. Cada vez que llegaba una nueva lancha al muelle era una alegría y un acontecimiento total para toda la gente del pueblo. El muelle se llenaba de curiosos para ver llegar a las nuevas embarcaciones y así, muy pronto, el muelle se empezó a ver con más lanchas. El barco de pasajeros empezó a hacer sus viajes a Maullín y la principal entretención para los habitantes era esperar la llegada de la lancha de pasajeros, a eso de las cinco de la tarde, para ver qué nuevo forastero o familiar llegaba y también para perseguir al cartero, que leía a viva voz el destinatario de aquellas cartas.

Después de 18 meses, el pueblo comenzó a tomar forma y a vivir una rutina normal. Aquellas familias que construyeron el pequeño campamento con casas de emergencia en la finca de René, después de un año y medio, las abandonaron con sentimientos encontrados hacia aquel lugar que los cobijó y en el que pasaron momentos imborrables. Lo mismo sucedió con todas aquellas familias que vivían en casas de familiares cuando partieron hacia sus nuevas casas.

Los marineros volvieron a trabajar en el mar, los niños, de regreso a su nuevo colegio; los jardines y huertos en cada casa florecían. Nadie recibió tratamiento psicológico, aun así, creo que toda la ayuda humanitaria y la reconstrucción recibida fue el mejor tratamiento que todos hubieran podido tener, además de la resiliencia de toda una población que nunca recibió ayuda postraumática y la poca visibilidad que les dieron los medios de comunicación.

Ya con casi todo normalizado, René sabía que tenía algo pendiente. Sus cinco hijos y él marcharon a traer a su esposa y madre, Ida, que quedaba distante unos 4 kilómetros del pueblo. Había que trasladarla al que tenía que ser su lugar definitivo de descanso, el nuevo cementerio del pueblo y que, además, quedaba más cerca del nuevo poblado. En una ceremonia privada, él, sus cinco hijos, amigos y parientes, llevando una urna nueva que René consideraba más digna para el amor de su vida, fueron en lancha al cementerio improvisado, que había acogido alrededor de 70 fallecidos. Iban varios ayudantes, que la sacaron de su lugar de reposo provisorio, cambiaron a Ida a la urna nueva y comenzaron el retorno al pueblo de Quenuir. Antes de proceder con la sepultura, René tenía que decirle algo a Ida.

Octubre de 1959
"La promesa"

René bajó por la escalera de fierro que conectaba la embarcación con las aguas en donde tendría que sumergirse en busca de su sustento. Posesionado en la escalera, daba instrucciones a su gente, que normalmente eran cuatro: un telegrafista que se comunicaba a través de un cordel con el buzo, para saber cómo y cuándo hay que subir el chinguillo, cuándo estaba lleno de mariscos o cuándo tendrían que subir al buzo, etc.; otro que operaba la máquina manual que le proporciona oxígeno al buzo escafandra; el tercero, un marinero en los remos para tener la embarcación en la posición correcta y, el último, de relevo.

Conversaban mientras hacían los preparativos y el protocolo de rutina que se debe cumplir para enviar un hombre a trabajar a las profundidades del mar, colocándole los últimos elementos, los plomos de aproximadamente 10 kilos, uno por la espalda y el otro en el pecho, peso que se suma, entre otras cosas, al de los zapatos, con una suela de 10 kilos cada uno de plomo. Le colocaban la coraza, una pieza de acero que descansa en los hombros del buzo, ahí por la parte de abajo atornillaban el traje de lona

engomada para impermeabilizarlo con muchas tuercas maripo-
sa. Después venía lo más trascendente, colocar el casco o escafandra, que aísla al buzo de la atmósfera natural. Se trata de un casco
con pequeñas ventanillas y que se atornilla con media vuelta a la
coraza anteriormente descrita. En ese momento empieza a operar
el marino que maneja la máquina para suministrarle aire al buzo.
Tal protocolo dura aproximadamente quince minutos, luego se
entregan las herramientas manuales que el buzo tiene que llevar
para su trabajo en las profundidades.

Cuando René estuvo listo alzó el dedo en señal de partida, se
tiró de espaldas controlando el equipo y después, con la cabeza,
accionó una válvula que queda al lado derecho y empieza a
evacuar el aire con objeto de que el peso que lleva pueda llevarle
al fondo marino. El trabajo estaba bien, había bastante marisco,
la faena se veía buena y mientras René buscaba entre las paredes
de las rocas el preciado marisco, arriba, la marinería conversaba
de temas varios. Alguien comentó que el motor, durante la travesía, presentaba una leve falla y el marino de la máquina de aire
añadió: «Parece que se enredó un cordel en la hélice». Mientras
los marineros del remo, más el de relevo, trataban de desenredar el
cordel, el maquinista del aire soltó la máquina vital para la subsis-
tencia del buzo y fue en ayuda de sus compañeros.... Normalmente, de vez en cuando podían dejar de bombear, pero en un lapso
de no más de 20 segundos, para beber agua o algún bocadillo.
Sin embargo, este marino se distrajo más de la cuenta e, incons-
cientemente, se olvidó de su función de dar aire y pasaron varios
minutos... En la profundidad, René, desesperado y sin oxígeno,
se golpeaba la cabeza contra el casco de acero, quedando reventa-
da la cara y ensangrentada por todos lados. Por su mente pasaron
en segundos miles de recuerdos, sus hijos, su mujer, hasta perder
la conciencia y quedar desplomado en el fondo marino. Mientras,
en la embarcación Luciano se percató del tremendo error y sus

consecuencias. El maquinista partió corriendo a la máquina de aire y empezó a mover la rueda, el aire le llegó al buzo, que se encontraba desvanecido, el traje se empezó a inflar y luego empezó a flotar hasta llegar a la superficie. La tripulación vio a un hombre muerto y todos empezaron a gritar por ayuda a las embarcaciones cercanas, que ya iban de regreso a puerto, mientras acercaban a René a la lancha. Lo llevaron hacia la escalera como pudieron, le sacaron el casco y vieron la magnitud del accidente: René había perdido la conciencia. Con ayuda de las otras tripulaciones lograron subirlo a bordo y, después de un rato, René despertó, luego gritó fuerte e increpó a toda su tripulación. El resto de las tripulaciones que estaban cooperando se fueron retirando, pues aparentemente la emergencia había pasado, y retomaron su viaje de retorno a puerto. Pronto, con las primeras lanchas que recalaron a puerto, el chisme del accidente se regó inmediatamente por el pueblo y llegó a oídos de Ida, su esposa, la cual salió corriendo de su supermercado hacia el muelle. Llevaba ropa ligera, una falda plisada y corría a no más dar. Ya René se encontraba en el muelle, porque fue el primero al que desembarcaron debido a sus heridas. El susto de Ida fue tremendo y pensaba en lo peor. Entró corriendo al muelle y desde lejos divisó su alta figura, que sobresalía del resto. Ida iba aterrada, imaginándose un desenlace fatal, al verlo inmediatamente se fundieron en un abrazo. Ida lloraba y no lo soltaba de un abrazo que lo apretaba fuertemente, sin parar de llorar. Después, lo soltó bruscamente y le acarició e inspeccionó muy tiernamente su rostro herido, lo tocó por todos lados para cerciorarse que no tuviera otras heridas o fracturas y luego de comprobar que no tenía más daño, estalló en ira y desahogo, lo miró fijamente a los ojos y le gritó: «¡Se acabó, mierda. Nunca más! Te lo he dicho una y otra vez, ¡basta, se acabó!, no tienes necesidad de exponerte, tienes tres embarcaciones equipadas, una hermosa casa y lo más importante, tienes cinco hijos, una mujer que te ama (se lo indicaba con los dedos). ¡Nunca más, mierda!, tenemos una buena situación económica, ¿qué más quieres? ¡Nunca más, esta fue la última!, quiero un marido, no un cadáver, ¿me entiendes? ¡Nunca más!». Ida lloraba y no paraba. Se había imaginado un desenlace fatal o con grandes secuelas. «Esto del buceo lo inicié yo, dijo, y ahora mismo lo acabo, al menos para ti». Luego se arrodillo y, con voz muy tierna, le imploró: «Prométemelo mi amor, por tus hijos y por mí, te suplico que nunca más te expongas en las profundidades, prométemelo». Lo repitió muchas veces, René la miró fijamente y con voz temblorosa le dijo, "ponte de pie por favor" la miro a los ojos en los que seguían corriendo lágrimas, acto seguido le dijo: «Lo prometo, mi amor, nunca más».

Sepultura

René apoyó su mano sobre la urna de Ida y se dirigió a ella. «¿Amor, recuerdas la promesa que me imploraste hacer? Bueno, la cumplí y te doy las gracias por eso. El hecho de no salir ese 22 de mayo a trabajar al océano me permitió poder salvar a nuestros hijos y estar con las personas más desvalidas de mi pueblo, rescatarlas y llevarlas en aquella embarcación sana y salvas a buen puerto. Mi amor, en cada casa que se construyó en esta nueva población, por lo menos hay una o dos personas que son sobrevivientes de la *Estrella de Mar*. De no haberme solicitado aquel día de mi accidente que no volviera al mar, habría estado en el océano y no sé qué habría sido de nuestros hijos y de aquella gente. Ahora te pido con toda mi alma que me dejes volver a bucear y romper mi promesa. Nos hemos quedado sin nada, sin las embarcaciones, sin casa, sin vehículo y con cinco hijos que mantener. Ahora soy yo el que te suplica y que te pide que pueda romper mi promesa... Hasta siempre, mi amor. Te amare por siempre».

Ida sería sepultada por tercera vez, ahora en un camposanto definitivo, pero antes René abrió la urna, le puso en su pecho la tercera rosa roja, definitiva y última y para siempre. Fue un momento en el que se repitió el dolor de los otros funerales. Los hijos más pequeños ahora recién comprendían que su madre se iba para siempre, Milton y Patricio tenían la esperanza que ella volvería, ahora recién comprenderían que su madre se fue para siempre. Luego de esta íntima ceremonia, emotiva, René se marchó con sus cinco hijos a la que sería su nueva casa en el nuevo pueblo, que resplandecía y que curaba sus heridas pasadas, dejando atrás un pasado doloroso.

«Tres rosas y un timón», esta es la frase que mejor describe la vida de René.

FIN

René Serón

Nacido el 14 de marzo de 1925, falleció el 22 de noviembre de 2020 durante la pandemia, con 95 años de edad. A su funeral y a pesar de las restricciones de circular debido a la epidemia, llegó mucha gente, especialmente gente de otras localidades: la familia recibió las muestras de pesar y cariño de casi toda la comunidad. Una vez terminado el sepelio y de regreso al pueblo, se acercó a Patricio una persona a darle las condolencias. Patricio le pregunto quién era, pues no lo reconocía, y el desconocido le dijo que era Carlos Aros, de Puerto Montt. A la pregunta de qué ¡¡hacía allí!!, de tan lejos y sorteando todos los cordones sanitarios, aquel hombre le respondió que no podía dejar de venir y despedir a un hombre que, «para mí y para este pueblo es un héroe», afirmó, explicando que él estaba a cargo de la instalación de la luz eléctrica y alumbrado público en los años 80. «Ahí lo conocí, él ya tenía más de 50, creo, era una leyenda de este pueblo, para todos los que lo conocimos era el hombre que estaba al frente de todo y de todos, nos solucionaba los problemas».

Este testimonio, de un desconocido, como muchos otros que recibió la familia en vida y después del funeral de René, personas ajenas al pueblo y a la familia, era la esencia que transmitía René.

En la tragedia del 22 de mayo de 1960 fallecieron, según las estadísticas, 105 personas, todos por efectos del tsunami y la gran mayoría que huyeron a pie hacia los cerros, de una población de poco más de 300 habitantes. El porcentaje de fallecidos fue la tercera parte de la población. Si este porcentaje se extrapolase a una población de tres millones de habitantes, el cálculo sería de un millón de fallecidos.

El 23 de noviembre del 2020, a un día del fallecimiento de René, apareció la única camioneta que había en el pueblo, el vehículo de René, que permaneció enterrada en el mar por efecto del tsunami frente a la casa que tenía René por más de 65 años. Estaba solo a un par de metros de la orilla de la playa, enterrada, pero nunca se había sabido de ella. En marea baja se dejó ver, al parecer, se asomó a despedir a su dueño.

Índice